ROTEIRO E
STORYBOARD

✻ Os livros dedicados à área de DESIGN têm projetos que reproduzem o visual de movimentos históricos. Neste módulo específico, as aberturas de partes e capítulos fazem referência aos letreiros do cinema mudo e às aberturas e aos encerramentos dos desenhos animados que lotaram as salas de exibição na primeira metade do século XX.

ROTEIRO E *STORYBOARD*

Kalyenne de Lima Antero

Matheus Rodrigues de Melo

intersaberes

inter saberes

Rua Clara Vendramin, 58 . Mossunguê . CEP 81200-170 . Curitiba . PR . Brasil
Fone: (41) 2106-4170 . www.intersaberes.com . editora@editorainterseberes.com.br

Conselho editorial
Dr. Ivo José Both (presidente)
Drª. Elena Godoy
Dr. Neri dos Santos
Dr. Ulf Gregor Baranow

Editora-chefe
Lindsay Azambuja

Gerente editorial
Ariadne Nunes Wenger

Assistente editorial
Daniela Viroli Pereira Pinto

Edição de texto
Monique Francis Fagundes Gonçalves
Caroline Rabelo Gomes

Capa
Charles Leonardo da Silva (*design*)
Krasovski Dmitri/Shutterstock
(imagens)

Projeto gráfico
Bruno Palma e Silva

Diagramação
Bruno Palma e Silva

Equipe de design
Sílvio Gabriel Spannenberg
Iná Trigo

Iconografia
Regina Cláudia Cruz Prestes

Dados Internacionais de Catalogação na Publicação (CIP)
(Câmara Brasileira do Livro, SP, Brasil)

Antero, Kalyenne de Lima
  Roteiro e storyboard/Kalyenne de Lima Antero, Matheus Rodrigues de Melo. Curitiba: InterSaberes, 2021.

  Bibliografia.
  ISBN 978-65-5517-873-9

  1. Roteiros cinematográficos – Técnica 2. Storyboard I. Melo, Matheus Rodrigues de. II. Título.

20-50427   CDD-791.437

Índices para catálogo sistemático:
1. Roteiros cinematográficos   791.437
         Cibele Maria Dias – Bibliotecária – CRB-8/9427

1ª edição, 2021.

Foi feito o depósito legal.

Informamos que é de inteira responsabilidade dos autores a emissão de conceitos.

Nenhuma parte desta publicação poderá ser reproduzida por qualquer meio ou forma sem a prévia autorização da Editora InterSaberes.

A violação dos direitos autorais é crime estabelecido na Lei n. 9.610/1998 e punido pelo art. 184 do Código Penal.

SUMÁRIO

Apresentação 8

1 **INTRODUÇÃO AO ROTEIRO** 14
- 1.1 Fontes da história 18
- 1.2 Adaptação 22
- 1.3 Elementos de uma história 28
- 1.4 Estrutura da história 36

2 **ROTEIRO E *STORYLINE*** 46
- 2.1 Diálogos 52
- 2.2 Expressividade e linguagem 62
- 2.3 Roteiro e seus elementos 67

3 **COMPOSIÇÃO** 78
- 3.1 Tema e gênero de roteiro 83
- 3.2 Subgêneros e sua consolidação como cinema 91
- 3.3 Importância do *storyboard* 93
- 3.4 Vantagens do *storyboard* 96
- 3.5 *Storyboard* e roteiro 100
- 3.6 Exemplos de aplicação 101

4 DIFERENTES TIPOS DE *STORYBOARD* 108

    4.1 Modelo básico 110

    4.2 *Storyboard* de tela 119

    4.3 *Storyboard* digital 124

    4.4 *Storyboard* linear 132

    4.5 *Storyboard* não linear 135

5 STORYBOARD HIERÁRQUICO 140

    5.1 *Storyboard* gráfico 148

    5.2 *Storyboard* desenhado à mão 152

    5.3 Cenário 159

    5.4 Plano 165

6 ENQUADRAMENTO 174

    6.1 Normal 176

    6.2 *Plongée* 176

    6.3 Contra-*plongée* 178

    6.4 Enquadramento *versus* plano 179

    6.5 Semântica 181

    6.6 Aplicação em filmes animados 187

    6.7 Aplicação em jogos 192

    6.8 Aplicação comercial 198

Considerações finais 204
Referências 206
Sobre os autores 212

APRESENTAÇÃO

Roteiro e *storyboard*, aplicados, são práticas que ultrapassam todas as prospecções do campo teórico e dos estudos desenvolvidos a respeito de seus temas.

Explicar passo a passo a criação de um roteiro, em todas as possibilidades existentes, ainda mais em um mercado tão volátil, foi escolhido como o primeiro método pedagógico. Expor didaticamente toda a trajetória desenvolvida por quem se habilita a criar um roteiro ou um *storyboard* fundamenta o aluno à sua escolha, dando base para seu desenvolvimento.

Posteriormente, exemplos práticos, como a indicação e a análise de filmes que usam variadas formas de contar suas histórias, a visão meticulosa de seu impacto social e a inclinação de sua influência na história do cinema foram métodos considerados pertinentes para o maior envolvimento entre autor e aluno.

O cinema, tema base para o estudo de roteiro e *storyboard*, proporciona a todos os que buscam analisá-lo uma visão ampla e fluida, incitando discussões que promovem o avanço de suas técnicas de desenvolvimento.

Além da técnica e da sua exposição, a reflexão a respeito das obras citadas ao longo do livro move o aluno a desenvolver sua própria análise crítica diante de filmes, peças publicitárias e todo o material discorrido ao longo das páginas.

Motivar a interdisciplinaridade inerente ao tema passou, então, a ser um dos principais nortes para o desenvolvimento do *e-book*. Considerando a configuração existente de temas mais técnicos e acadêmicos, pode soar surpreendente a ideia de trabalhar os dois temas de maneira aberta, entretanto, a escolha baseia-se no entendimento do roteiro e do *storyboard* tanto como construções artísticas quanto mercadológicas.

A ideia respalda a escolha de um diálogo aberto com o aluno em relação não apenas aos conceitos expostos anteriormente por pensadores, teóricos e renomados profissionais da área, mas ao estímulo constante de sua própria visão em relação ao fazer cinema e o fazer publicitário.

Incitar novos pensamentos a respeito de uma arte demarcada pela fluidez de seus elementos, ao longo de sua história, é fundamental à criação de uma categoria eficaz de criativos para o segmento da escrita de roteiros e da direção de arte que produz o *storyboard*.

Por fim, a partir do mix de métodos didáticos, dosado de modo a evitar o enrijecimento das informações, este livro pretende desenvolver a capacidade técnica daqueles que terão contato com o material e apresentar um universo vasto de novas possibilidades, de contemplação aos materiais desenvolvidos anteriormente e da plena capacitação para seu desenvolvimento no mercado de trabalho.

gerasimov_foto_174/Shutterstock

CAPÍTULO 1

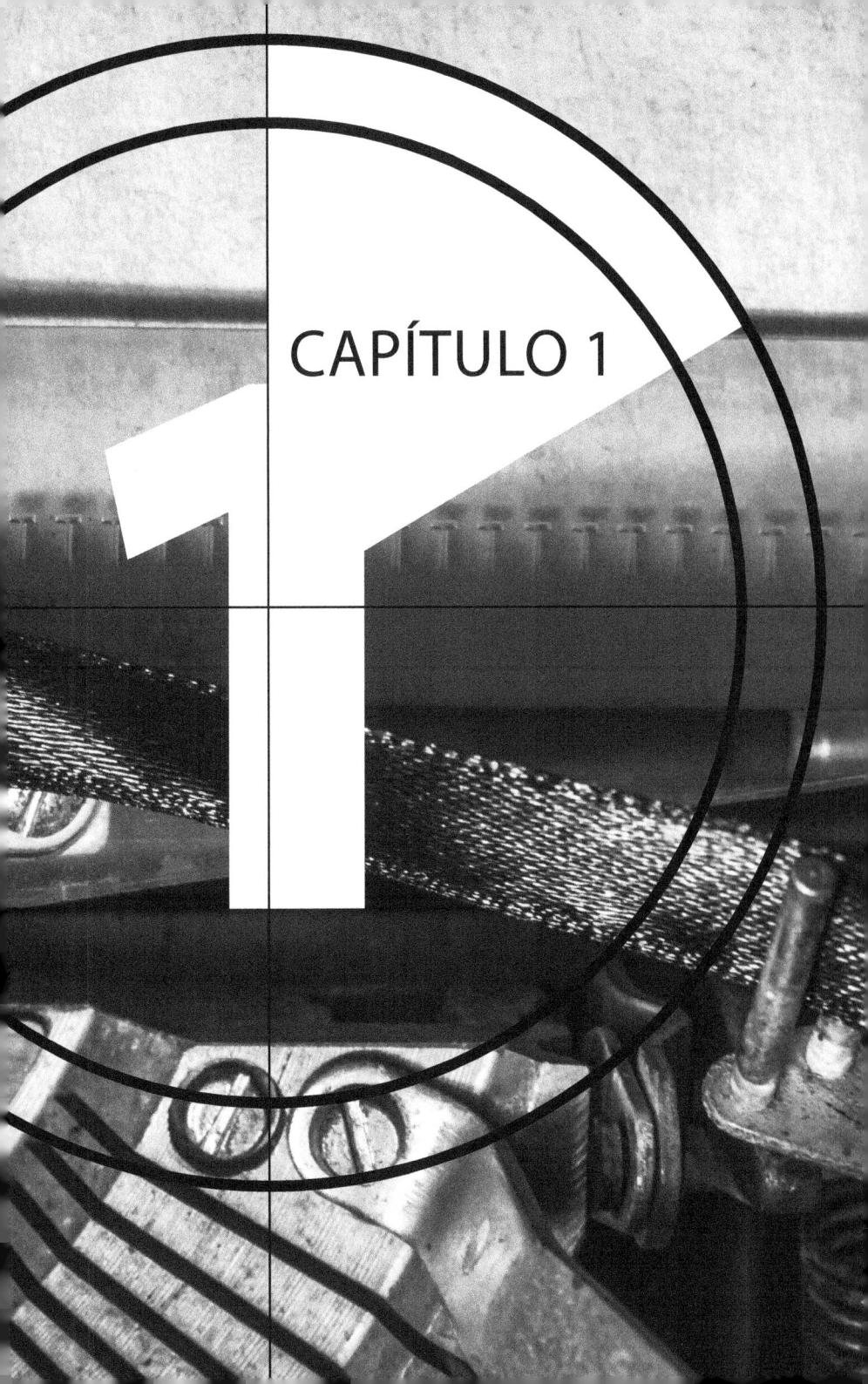

INTRODUÇÃO AO ROTEIRO

Etimológica e simplificadamente, podemos definir *roteiro* como a história que será transposta à tela; todo o processo criativo. Entretanto, ele passa por uma série de pontos indispensáveis que o fazem tomar forma.

Inicialmente, o roteiro pode ser proposto como norte abrangente do nascimento de uma ideia. Na medida em que ela surge, o roteirista solidifica o "campo das ideias", materializando-o fisicamente por meio da escrita.

> O roteiro é um guia para o diretor, a versão escrita de um espetáculo audiovisual que norteia o realizador com relação a suas ideias e suas pretensões de desenvolvimento.

Mas o que diferencia o roteiro de outros métodos de escrita? Para entender o roteiro como produção, é necessário compreender seu objetivo central e mais simplista: ser o condutor de uma realização. Esse tipo de material, por definição objetiva, precisa comunicar – por elementos bem definidos pelo escritor – os pontos a serem desenvolvidos pelo diretor e por sua equipe de filmagem, se considerarmos o cinema, exemplo.

Segundo Carrière (citado por Comparato, 2018, p. 20),

> Escrever um roteiro é muito mais do que escrever. Em todo caso é escrever de outra maneira: com olhares e silêncios, com movimentos e imobilidades, com conjuntos incrivelmente complexos de imagens e de sons que podem possuir mil relações entre si, que podem ser nítidos ou ambíguos, violentos para uns e suaves para outros, que podem impressionar a inteligência ou alcançar o inconsciente.

Nesse sentido, escrever um roteiro é uma atividade muito mais abrangente do que apenas escrever, e perceber isso é determinante para o entendimento da diversidade de finalidades do roteiro de alcançar o objetivo proposto. Uma das diferenças primárias entre o roteiro e o processo de escrita tradicional está na prospecção de suas ferramentas, além da verbalização em si – delimitadora "tradicional" da escrita.

Ao mencionar "[...] sons que podem possuir mil relações entre si" e "[...] nítidos ou ambíguos", Comparato (2018, p. 20) chama atenção para as possibilidades que um roteiro pode atingir, ultrapassando a história factual, "subserviente" a fatos inalteráveis (a exemplo da escrita jornalística) e, a rigor, entregando ao leitor e/ou ao diretor possibilidades – encaixadas por sua escrita ou falta dela – de mudança de uma história contada.

O roteiro, além de contar a história, precisa ser um excelente guia de como contá-la. Ele deve conter a indicação de locações, os diálogos, a descrição de personagens (para que o diretor possa escalar os atores adequados) e – ainda que exista abertura para que a equipe defina alguns indicativos por si – uma clarividência na apresentação da história que possibilite a definição de quais cenas serão gravadas primeiro.

Mediante esse entendimento, percebemos que um bom roteiro é fundamental para qualquer projeto cinematográfico de sucesso, mesmo que ele por si só não garanta a qualidade do filme.

De acordo com Comparato (2018), a concepção do roteiro apresenta três pilares: (1) logos, (2) pathos e (3) ethos.

O *logos* é a estrutura que cimenta o roteiro, o qual, por definição, precisa ser escrito. A partir de signos, então, o roteiro seria o papel, a página em branco de um computador, a caneta e as letras e seu uso. O *logos* é a estrutura, e a estrutura do roteiro é a escrita. O **pathos** é o elemento que compete à similaridade entre as outras formas de escrita e o roteiro. Toda história contada visa à comoção do público, e o roteiro precisa causar algo (bom ou ruim), isto é, mexer com o emocional de quem entra em contato com a peça escrita. Podemos entender, assim, que o *pathos* é a "substância" emocional, dramatúrgica, que adiciona "gravidade" ao roteiro. Exemplificando: o *pathos* é a graça na comédia, o medo no horror, a emoção/tristeza causada pelo drama, a adrenalina aventuresca em um bom filme de ação/aventura, a imaginação despertada na fábula ou na ficção científica etc. Já o **ethos** é o motivante/motivo. Um filme é feito por alguma razão, ainda que a razão seja, digamos, a falta dela. Toda obra, toda ação exposta, guarda uma intenção do autor em relação ao público destinado, o que pode ser a variável de maior influência na crítica cinematográfica, por exemplo.

Mas, afinal, um filme só é bem-feito quando suas intenções são alcançadas?

Coringa (2019), do diretor Todd Phillips, um exemplo recente, apesar de louvado pela crítica em razão da forma como um personagem icônico das histórias em quadrinhos foi retratado humana e cruamente nas telas, também gerou críticas sociais por, supostamente, servir como "gatilho" para pessoas com doenças mentais (depressão, ansiedade, esquizofrenia etc.).

Podemos entender o *ethos* do filme *Coringa* (2019) como o *incômodo* mais que, propriamente, o entretenimento, no sentido mais puro e etimológico da palavra. Alcançada essa intenção, há um projeto bem-sucedido, pelo menos, em vias de realização e exposição ao meio externo.

Dito isso, após o entendimento do roteiro como funcionalidade e seu papel diante de um corpo que tende a ser homogêneo em sua realização final (a obra), é preciso catalogar etapas para que ele seja produzido de forma completa.

1.1 Fontes da história

A fonte histórica de um roteiro é, sem dúvida, um dos elementos propulsores mais abrangentes e de maior possibilidade para um roteirista em seu serviço. O roteiro pode partir de um objeto aparentemente insignificante – uma pedra, por exemplo –, um objeto de grande valor histórico (arco e flecha utilizados em alguma grande batalha de determinado momento histórico), um argumento, um *insight*, um grande evento histórico, uma sessão de terapia, um dia comum, uma música, uma pintura ou um personagem curioso (apenas para citar alguns exemplos).

É louvável, ao elencar as fontes históricas e suas possibilidades, a abrangência que o roteiro fornece ao realizador de um filme. Retornando aos exemplos hipotéticos, um filme sobre uma pedra, por exemplo, pode ser mais denso e com mais nuances que um filme épico de determinado evento histórico.

Em termos práticos, o filme *Parasita* (2019), do diretor Bong Joon-Ho, premiado pela Academia de Artes e Ciências Cinematográficas (Los Angeles, EUA), em 2020, na categoria "Melhor filme", é uma dramédia, inicialmente apresentada como uma história cotidiana de uma família que precisa utilizar seus traquejos sociais para sobreviver e ascender socialmente. No decorrer da obra, notamos que a fonte propulsora e até mesmo o símbolo físico utilizado no filme (a pedra) são apenas pano de fundo para uma discussão crítica a respeito da desigualdade econômica e social, do ambientalismo, da precariedade sanitária, da depressão e da institucionalização do sofrimento como fator inerente àqueles que nasceram "em baixo" e não podem cruzar o limite daqueles que estão no topo.

Ao percebemos os aspectos que conferiram ao filme a possibilidade de o diretor coreano desenvolver as ideias por vias criativas visuais, entendemos, novamente, o poder do roteiro. A forma como Joon-Ho filmou as cenas em que o roteiro conduzia a uma percepção visual de desigualdade estava preposta e foi, sem dúvida, determinante para o desenvolvimento das ideias visuais. O roteiro foi o elemento norteador que estimulou a realização com brilhantismo, partindo de um objeto, *a priori*, fútil ou sem a gravidade esperada para o que se entende socialmente como grande história.

Em contraponto, grandes exemplos de filmes "genéricos" e "pálidos" (em razão de sua repetição temática que abrange pouca diversidade cultural e social) vistos à exaustão ao longo dos anos e a reação da Academia de Artes e Ciências Cinematográficas têm sido sintomática quanto a uma ideia histórica que vem sendo desconstruída na medida em que novas visões e conceitos passam a ter mais relevância na discussão cinematográfica.

Podemos utilizar o exemplo do Oscar do mesmo ano, em que o filme *1917*, do diretor Sam Mendes, foi indicado e se tornou o favorito na corrida da premiação. A obra *1917* é um filme de guerra, norte-americano, tecnicamente bem executado, que relata (mais) um ato de bravura de soldados daquele país em prol de suas ideias ufanistas. Outrora, seria a fórmula e a execução perfeitas de um filme vencedor e protagonista das grandes categorias da maior premiação do cinema, mas ele venceu apenas categorias técnicas e viu *Parasita* consagrar-se como o grande vencedor da noite.

Esse momento inédito (o primeiro filme estrangeiro a ganhar a categoria principal da maior premiação cinematográfica do planeta) representa a transição de pensamento dos votantes de uma indústria cinematográfica imersa em um método repetitivo de avaliação, considerando os protestos dos próprios integrantes da Academia, como visto na edição do "Oscar So White", em que os representantes expunham a repetição de atores e técnicos brancos como vencedores e indicados da premiação. Esse filme revela, aplicado a nosso estudo, que a fonte da história pode ser determinante não por seu valor macro, como grandes eventos e/ou atos, mas sim pela aplicabilidade (seja qual for) e pelo desenvolvimento, partindo do roteiro. Não é sobre a história contada, mas sobre como a história é contada. De nada adianta uma história respaldada por um grande evento histórico (sua relevância já está consolidada e sua história até mesmo já foi contada por livros de história) se seu desenvolvimento fílmico não tem nada a acrescentar além da movimentação de atores sob esmero visual e preciosismo estético.

Parasita ganha nesse aspecto por ser um "nada" ou um "pouco" do qual se extrai um universo de possibilidades: desde as íntimas (emocionais e psicológicas) até as históricas (problemas de saneamento e desigualdade da Coreia do Sul), que se comunicam de diversas formas e com diversos públicos por serem temas latentes dentro do universo particular e social de cada pessoa que vive em sociedade.

Até o século XIX, acreditava-se, diante da forma como os temas históricos eram expostos em tela, que fontes (especialmente as passadas) podiam unicamente ser estudadas por meio de documentos oficiais. Esse contexto limitava o trabalho do roteirista, que enxergava a ideia da fonte como objeto imutável e sem influência viva na diegese cinematográfica.

> *Diegese* é a realidade do filme, suas dimensões ficcionais não podem chocar afinal, dentro daquele universo, o real é construído nos elementos chamados *diegéticos*.

A partir do século XX, essa ideia foi desconstruída e passou-se a considerar como fonte histórica não apenas registros (fotográficos, fílmicos e escritos) oficiais, mas também relatos, auxiliando no conceito de diegese.

O próprio conceito de diegese parte do pressuposto do avanço da fonte como ponto de partida do roteiro. Ainda que estejam sendo retratados em tela, com todo o estudo meticuloso, na história, por exemplo, do Egito Antigo, alguns elementos – propositalmente ou não – serão adicionados à narrativa única do filme. Estamos, nesse caso, apesar de se tratar de um evento factual, lidando com uma percepção da realidade. Se não fosse esse o caso, a produção seria do gênero documentário, que cataloga fato por fato e expõe a realidade de maneira indissociada da informação obtida dela de forma prática. Assim, cada execução de roteiro e sua concretização contêm uma linguagem criada especificamente para aquele universo, ainda que utilizados elementos da realidade. Tempo, espaço e signos são construídos em função daquele universo, sem compromisso com a realidade dos fatos.

Essa medida, no entanto, é uma via de mão dupla, considerando que vivemos em uma sociedade utilitarista e refém da crença de que, ainda que a fábula exista, ela precisa ter apego à realidade. Nesse caso, um filme histórico, com elementos diegéticos (próprios de seu universo), pode promover reação adversa do público que busca fidelidade histórica irrestrita.

Entretanto, a aceitação pode passar pelo conceito do *ethos*. Uma sátira como *Monty Python*, por exemplo, tem a preocupação de reproduzir elementos visuais que remetam à época medieval ou à Grécia Antiga. Até mesmo a linguagem utilizada pelos personagens evoca o rebuscamento da comunicação da época; entretanto, a sátira está, justamente, na quebra de todo esse elemento preposto em razão do humor. Nesse caso, a fonte histórica trabalha a favor do *ethos*: o humor mediante um evento histórico, a diegese da ideia hipotética de existirem situações jocosas (tais quais as apresentadas ao longo da série de filmes) em um cenário enrijecido pelas delimitações de sua fonte.

1.2 Adaptação

Roteiro adaptado é aquele que tem como base criativa outra obra já existente, podendo esta ser tão abrangente quanto a fonte histórica que servir de ponto de partida da produção. Podemos dizer, inclusive, que a fonte histórica é o elemento a ser desenvolvido no roteiro adaptado.

Não configura plágio por ser declaradamente uma adaptação e ter como prerrequisito a ideia da *visão de uma visão*.

Devides (2018, p. 437) afirma que obras adaptadas "[…] são alvo de preconceitos ainda hoje. Não são raros aqueles que as julgam obras inferiores, apropriações indébitas ou, até mesmo, falta de competência criativa do adaptador para conceber algo único".

Podemos exemplificar essa situação com o grande sucesso recente de público, que rendeu a maior arrecadação a um filme em todos os tempos, *Vingadores Ultimato* (2019), dirigido pelos irmãos Anthony e Joseph Russo. A obra é um exemplo clássico de roteiro adaptado ao cinema. Os *Vingadores* são personagens advindos das histórias em quadrinhos (HQs) da Marvel, empresa que, desde 2009, investe em adaptações cinematográficas de suas histórias, as quais antes se resumiam ao universo das HQs.

Mesmo sendo a maior bilheteria de todos os tempos e tendo o clamor da crítica, que, apesar das ressalvas, sempre foi "complacente" com o Universo Cinematográfico da Marvel (MCU), o filme, eventualmente, entra na roda de crítica do mesmo público consumidor e reclamante do excesso de adaptações que não se limitam apenas ao universo das HQs, mas aos *remakes*, adaptações de filmes estrangeiros e *reboots*.

Esses resultados, ainda que gerem discussão da comunidade de críticos cinematográficos e do público que os assiste, partem do princípio de que uma das causas que mantêm a adaptação como um método bem-sucedido e válido é sua boa execução. Afinal, o que explica o fato de o mesmo objeto ser alvo de críticas ferrenhas ao longo dos anos, mas também quebrar recordes de bilheteria e engajamento?

Entendamos que parte da proposta da adaptação não vem exatamente da constatação de Devides (2018) a respeito do público de obras adaptadas, pois, mercadologicamente, elas são fontes mais seguras que obras originais, portanto, há sim, espaço para a crítica exaustiva a elas, mas, da mesma forma, é necessário conceber determinadas mídias como *logos* particulares – se o *logos* do roteiro parte da estrutura escrita, o *logos* do cinema passa pelo audiovisual (mistura e fusão de som e imagem).

Seguindo o exemplo das adaptações de HQs, podemos entendê-las não apenas como resultado de uma ação mercadológica que busca o retorno financeiro; há, além dessa ideia, a transposição (adaptação) do valor simbólico do material adaptado (os heróis, os cenários, a linguagem, os signos etc.) para uma mídia diferente, que, por sua diegese, permite uma abordagem diversa e com potência dessemelhante.

O que funciona em um livro pode não funcionar no cinema, e vice-versa. Ademais, um formato não anula nem diminui o outro, eles podem confluir, desde que o público compreenda que o *pathos* (a intenção) é outro, em razão das possibilidades oferecidas por essa nova estrutura, o que descarta a ideia de preguiça ou de obra menor oriunda da adaptação.

Cabe a cada realizador, inclusive ao roteirista, ter em mente que a adaptação de roteiro exige demandas específicas, pois se trata da visão de uma visão (e consolidação) preexistente. Apesar dessa ressalva, a adaptação, justamente por essa questão, tem uma visão autoral.

Ainda segundo Devides (2018), existem considerações que precisam vir à tona no processo de adaptação, entre elas a alternância de cenários, signos, etnias, linguagem e símbolos que caracterizam o cânone da obra escolhida e que geram maior comoção no público, que, normalmente, está apegado a nuances étnicas e estruturais.

Nesse contexto, um nicho de adaptação restritivo ao "higienismo social", que perpetua o racismo estrutural e vem sendo conduzido por Hollywood ao longo dos anos, é questionado e cada vez mais tem-se o olhar atento a problemáticas como o *whitewashing*.

> *Whitewashing* = lavagem branca. Termo utilizado para se referir ao processo, muito comum em Hollywood, da troca de etnia de personagens característicos por atores e atrizes brancos.

Tais alterações são de toda ordem, desde narratológicas, quanto econômicas, sociais e políticas; elementos estes sumamente importantes para analisar e realizar uma adaptação. Produto, destarte, é o resultado, por assim dizer, o artefato posto à venda, em exposição, ou simplesmente à disposição; quer seja um filme, um videogame, uma minissérie de TV, uma ópera, etc. (Devides, 2018, p. 440)

Podemos entender, dessa forma, que a adaptação abrange uma discussão maior que a de mera escolha cinematográfica e/ou artística. A adaptação, particularmente para a geração *millenial*, ganhou novos contornos pela crescente discussão sobre representação racial e de gênero em produtos da cultura *pop* e do cinema, em especial nos filmes de grande repercussão.

Podemos exemplificar com as notícias de que Michael B. Jordan, ator negro, estaria em negociações avançadas com a Warner

Brothers Entertainment para viver o personagem *Superman* em uma nova adaptação para os cinemas. Certamente, não é o primeiro caso de cogitação ou escolha de um ator negro para um personagem caracterizado em outra mídia (aqui, os quadrinhos) como branco.

Esse ponto e exemplo, em específico, torna-se relevante por trazer elementos centrais para a reflexão da adaptação na condição de referência artística e de discussão social. O personagem *Superman* faz parte do imaginário e da idealização do homem caucasiano, padrão, conservador, branco, ainda que o personagem, em si, não carregue valores conservadores. Dito isso, a mudança étnica de um personagem para uma mídia popular como o cinema promove reações, muitas delas adversas, que trazem à luz a discussão sobre o racismo estrutural.

Não obstante, personagens negros ou de outras etnias já foram representados em adaptações, de maneira exaustiva, por atores brancos, ação denominada (e supracitada) *whitewashing*, a qual tem perdido espaço com o crescente entendimento de que a representatividade importa e que a voz deve ser expressada por aqueles que as têm e há muito foram calados.

O *Superman* negro seria uma adaptação cinematográfica corajosa, relevante e que ultrapassaria a discussão da adaptação como preguiça criativa. Dentro desse contexto, ainda que o roteiro em si (e mesmo que isso fosse difícil) não tratasse de questões raciais de forma declarada no filme, a decisão de uma produção, seu desempenho em bilheterias, seu material de divulgação e a forma como o público reagiria a tudo isso seriam sintomáticos da cultura na qualidade de termômetro social.

Esse exemplo, tal como o da atriz vietnamita Kelly Marie Tran, que interpretou a personagem *Rose* nos filmes *Star Wars VIII – Os últimos Jedi* e *Star Wars IX – A Ascenção Skywalker* e sofreu *bullying* nas redes sociais e tentativas de boicote por uma base de fãs – e inclusive teve redução do tempo de cena de um filme para o outro –, esvaziam a argumentação da adaptação como falta de recurso criativo e mostram a necessidade de avanço no entendimento da adaptação como recurso social e fílmico.

Em entrevista a Oprah Winfrey, ao comentar sobre o rumor de viver o icônico pesonagem Superman, o ator Michael B. Jordan (2019) afirmou:

> É complicado. Eu odeio ser um empresário e entender ambos os lados da situação. Há uma enorme vantagem dentro disso, mas estar sob esse microscópio e ser comparado com tantas versões diferentes do Superman... Eu gostaria de fazer algo original. Eu seria Calvin Ellis. Há outro Superman da Terra-23. Uma versão [...] em outra dimensão que é negro nos quadrinhos... Isso existe.

Podemos entender o exposto pelo ator sob duas vertentes: a primeira é a ideia corporativa mencionada por ele de que existiria a comparação de inúmeros fãs do cânone (mais que do personagem) e a segunda é a ideia de, de fato, fazer algo original e que dê voz a um personagem negro (a versão negra do personagem icônico e consolidada) para que este ganhe uma projeção inexistente antes da hipotética adaptação.

Nas duas hipóteses, trabalhamos com o cenário de um ator bem-sucedido, negro, consolidado na indústria, mas que teme por uma "lupa comparativa" (ressaltada por empresários em suas reuniões) que dimensiona mais o fato de existir uma mudança de etnia de um personagem marcado pela cor de sua pele do que propriamente por sua desenvoltura na pele do personagem.

Esse exemplo reflete a importância crescente da adaptação, não apenas como método de reprodução de uma história contada de forma bem-sucedido, que oferece lucro econômico a agentes de grandes produtoras de cinema, mas também como abertura criativa para novas visões diante de uma história, muitas vezes delimitada por barreiras culturais que perpetuam divisões socioeconômicas e raciais.

1.3 Elementos de uma história

Nos últimos anos – e mesmo ao longo da história do cinema –, percebemos a existência de histórias contadas de forma experimental, partindo de segmentos abstratos. Não raro, deparamo-nos com filmes que subvertem a tradição de contar uma história a partir de seus elementos tradicionais. No entanto, até para que exista a quebra de expectativa, é necessário entender quais são os elementos que compõem uma história, conforme descreveremos a seguir.

1.3.1 Busca

Independentemente de qual seja a mídia pela qual o autor se propõe a contar uma história, existe nela uma **busca**; um *look up too*, ou o que podemos chamar de *alvo*, que será perseguido pelo personagem principal. Nessa busca, precisamos dispor de outros elementos que a desenvolvam de maneira eficaz. É necessário um

personagem principal, um **objetivo** para ele, um **conflito** que terá de enfrentar ao longo de sua trajetória (ou que já enfrenta antes da jornada começar) e um **final memorável**, que, imerso em uma proposta – de impacto ou não –, precisa ser satisfatório dentro da ideia planejada. Analisaremos cada um desses elementos na sequência, mas antes precisamos entender que existem outros métodos de roteirização, que partem da disposição de elementos e podem ser chamados de *fórmulas* para que uma história seja contada. Hudnall (2015) definiu uma base padrão para esses elementos.

Segundo o autor, os elementos podem ser definidos por letras e desenvolvidos por meio de uma equação, sendo X o personagem principal, Z o objetivo (um grande amor, um entendimento pessoal, uma missão etc.), a resolução-mor, e Y o conflito, ou seja, aquilo que impede o personagem de alcançar seu objetivo; por definição e funcionamento, Y precisa estar entre X e Z.

1.3.2 **Protagonista**

O *protagonista*, etimologicamente, é o personagem de maior destaque na história, aquele que fica em primeiro plano (de forma simbólica) e tem sua trama como centro da obra.

Alguns filmes rompem com a ideia de protagonismo de um personagem, trabalhando com uma comunidade ou mesmo um tema como protagonista, em vez de, necessariamente, uma pessoa. Ainda assim, o protagonista precisa existir; para roteiristas iniciantes, principalmente, é interessante que ele seja trabalhado como agente único, bem como sejam utilizados métodos testados e comprovados para que não ocorram prejuízos e furos na exposição de ideias.

Podemos dizer que o personagem principal, oprotagonista é o maior desafio e o verdadeiro indicativo de que um roteiro será bem-sucedido. Ele precisa causar empatia, ao imergir na história, é necessário que o leitor, a audiência ou o ouvinte se importe e compre a causa do personagem principal ou, mesmo que não a entenda, apoie suas motivações. Caso contrário, o filme e o roteiro podem funcionar, mas por outras vias complementares e não pelo seu ponto de partida e pelo seu pilar.

O personagem principal precisa passar por um processo cuidadoso de curadoria diante das escolhas que o autor faz para ele. Os signos (roupas e cabelo), as escolhas, as motivações, a linguagem e todos os demais elementos que o compõem devem trabalhar em prol da empatia do roteirista com seu personagem.

Para exemplificar, se estamos escrevendo a história de um protagonista que inicia sua jornada pobre e decidimos comover o público por seu estado social, todas as decisões precisam objetivar a verossimilhança desse personagem com sua realidade, de modo que exista uma troca real e um compadecimento (ou identificação) do público em relação a ele.

1.3.3 Objetivo

O objetivo, no cinema, foi popularizado por ser a busca de um objeto físico ou o complemento de uma missão externa (principalmente em *blockbusters*). De fato, esses são métodos tradicionais que costumam ser bem-sucedidos ao se contar uma história. Entretanto, é importante que o roteirista saiba que a missão ou o objetivo que conflitua o personagem principal não necessariamente precisa vir de um local externo, pelo contrário, grandes histórias, normalmente, partem de um objetivo a ser encontrado internamente.

Podemos entender *Star Wars – Uma nova esperança*, de George Lucas, grande marco da cultura *pop* e do cinema, como um exemplo prático disso. O personagem principal, Luke Skywalker, tem objetivo e missões externas: destruir a Estrela da Morte. No entanto, essa missão apenas representa um momento grave por existir um motivante interno (que tem camadas de profundidade) empático: Luke, em sua missão, quer se descobrir, entender sua posição na galáxia e explorar seu potencial drenado por um terreno, literalmente, arenoso (considerando que o planeta em que vive é um deserto). Ao unir os dois objetivos, ambos se retroalimentam e adicionam força a algo que por si já seria o suficiente diante do apelo visual em sua estrutura macro.

Temos outro exemplo no filme *Me chame pelo seu nome* (adaptado do livro homônimo), de Luca Guadagnino, lançado em 2018, que nos apresenta Ellio, cujo objetivo é descobrir a própria sexualidade e externar a paixão que sente pelo homem que conheceu. Aqui temos um filme de segmento contemplativo por seus cenários, que não se catalogam na velocidade de um *blockbuster*, por exemplo, mas a trajetória interna do personagem vivido pelo ator Timothée Chalamet nos leva à compaixão por um jovem que, apesar de seu cenário externo perfeito, sofre por não compreender seus sentidos, pulsões e desejos. É suficientemente palpável e aproxima o público pela empatia.

A ausência de objetivo, qualquer que seja, ainda que abstrata ou incomunicável, é ausência de história. No mais, se ainda assim desenvolvida, entramos no campo do experimentalismo, em que o roteiro serve apenas como documento formal para definição das cenas, sem conectividade entre elas.

1.3.4 Opositor

A ficção e a fantasia funcionam em nosso imaginário por se comunicarem de forma fabulosa com nossa realidade, ou seja, a história, por mais fantasiosa que seja, precisa conversar com a realidade (a nossa ou a de uma comunidade de pessoas) para que o movimento empático se estabeleça.

Isso posto, um dos elementos fundamentais a um bom roteiro é a figura do opositor àquele que busca o objetivo ou mesmo do objetivo em si: o conflito. A vida humana não é um tracejado direto e perfeito rumo ao que objetivamos e, muitas vezes, nem mesmo alcançamos o que objetivamos em razão de outras variáveis que se apresentam na trajetória humana: esse seria o opositor.

Simbolicamente, o opositor apresenta-se nos filmes pela figura do vilão ou do antagonista. No entanto, atualmente vemos uma queda, em especial nos filmes de maior apelo comercial, da figura do vilão.

O vilão, a figura do antagonista, não só pode como deve ter motivações tão palpáveis e empáticas quanto as do protagonista, causando envolvimento (qualquer que seja, mas, nesse caso, é importante que seja uma emoção de algum lugar "negativo") da audiência.

Podemos, novamente, citar como exemplo o filme *Star Wars VIII – Os últimos Jedi*. Até determinado momento, não sabemos identificar quem é o vilão e quem é a protagonista, pois seus motivantes constroem-se a partir do mesmo local de conflito interno e do questionamento diante de suas crenças preestabelecidas e até mesmo seus signos externos (figurino, maquiagem, linguagem e atuação) passam por uma homogeneização.

Já não existe diferenciação entre opositor e protagonista, os dois personagens que ocupavam esses polos agora fazem parte de um equilíbrio, e a figura opositora passa a ser o conflito que habita cada um, sem, necessariamente, ter um corpo.

Figura 1.1 – **Exibição de *Star Wars VIII – Os últimos Jedi***

Star Wars VIII – Os últimos Jedi. 2017. 2h 32m. Diretor: Rian Johnson. EUA.

Aqui entendemos que a oposição não precisa estar ligada diretamente a uma figura humana, mas a um cenário desfavorável ou mesmo a outros elementos que não de oposição física ao protagonista.

1.3.5 Final memorável

Depois do personagem principal e de sua construção diante dos elementos que precisam movê-lo à empatia, o final da história é, para a audiência, o elemento de maior carga dentro da estrutura da obra.

Tamanho é o poder do final que um bom último ato pode salvar uma história ruim e vice-versa. Percebemos, inclusive, que, entre os anos 1950 e 1970, no auge do melodrama e do *tecnicolor* como elemento narrativo, Douglas Sirk, diretor alemão que simbolizou o gênero na época, utilizava o método para potencializar seus filmes.

O final memorável tornou-se, inclusive, grande mortalha das produções hollywoodianas e mesmo para outras mídias. É comum que obras de grande apelo, principalmente as séries, padeçam de finais decepcionantes, mesmo depois de anos de sustentação de um enredo cativante e bem desenvolvido. Acontece que a fidelidade à teoria de um final memorável acaba por confundir ou mesmo incitar a mente de realizadores (e acionistas), os quais objetivam um final que, em vez de memorável ou satisfatório, seja explosivo ou inventivo, mesmo não condizendo com a obra apresentada.

O bom final não precisa ser utilitarista ou equiparado à solução de uma equação matemática. Respostas (se considerado pelo autor que sua diegese pede solução a suas problemáticas) podem ser dadas no final, ou mesmo um final explosivo pode ser encaixado na obra, mas é necessário primar pela fluidez da história contada.

Nada adianta o impacto pelo impacto se não houve uma obra que corrobore para esse movimento. Antes de tudo, o final precisa ser satisfatório e condizente com a proposta lançada pelo diretor: se objetiva dúvida, uma solução pode ser um fim sem respostas; se objetiva reflexão, um final em aberto pode servir aos seus propósitos; caso o objetivo seja a redenção, uma cena ou um ato final em que o personagem externalize (ou internalize) um ato heroico, diante de si ou de uma comunidade, deve ser inserido para simbolizar as intenções do diretor e do roteirista.

1.3.6 Lição

Entraremos, agora, em um tema sensível. De acordo com o renomado, e já citado, diretor Douglas Sirk, se você pastoreia seu público, tenta ensinar alguma coisa a ele durante sua obra, você está fazendo um filme ruim.

No entanto, é natural que exista uma moral da história. Culturalmente, somos projetados a receber uma profundidade maior diante da exposição a uma obra, seja ela qual for. O roteirista, em específico nesse tema, é aconselhado a lidar com a lição com a mesma sutileza (ou uma ainda maior) que lida com os demais elementos que compõem a história.

Ainda a respeito do entendimento que compõe nossa sociabilidade, existe a ideia de que uma pessoa boa não precisa autoafirmar exaustivamente que é uma pessoa boa, por exemplo, sob pena de causar o efeito contrário, de autopiedade ou mesmo de desconfiança para o público dos motivos de tamanha bondade e de tamanha lembrança de algo que tende a surgir espontaneamente.

O roteirista deve levar essa ideia a seu processo de composição de escrita. Um roteiro bem escrito, respeitando os elementos (mas não sendo escravizado por eles) que fundamentam sua escrita, naturalmente revela suas intenções e a moral da história a ser contada. Naturalidade e fluidez devem ser quesitos norteadores ao roteirista em todo o processo, qualquer que seja seu objetivo final, pois esses elementos o conduzem ao objetivo.

1.4 Estrutura da história

Fazendo uma analogia, podemos entender os elementos que compõem a história como as peças de um jogo. Por exemplo, no futebol, os elementos da história são os jogadores, cada qual tem sua função: o atacante é aquele que busca fazer gols, o zagueiro age como a primeira fonte de defesa, e o goleiro, como segunda fonte de defesa, e assim sucessivamente.

Seguindo por essa linha de pensamento, a estrutura da história é a forma de jogo que os elementos (jogadores) adotam a partir dos comandos do técnico (roteirista e/ou diretor). O técnico pode optar, com base em suas peças, por um jogo mais defensivo ou mais ofensivo, com três zagueiros ou um zagueiro e dois laterais, por exemplo, todos objetivando a função final: o gol da vitória. A estrutura da história pode ser fragmentada em três partes, denominadas *atos*: (1) ato I (início); (2) ato II (meio) e (3) ato III (fim), os quais veremos detalhadamente a seguir.

1.4.1 Ato I (Início)

Recomenda-se que o primeiro ato de um roteiro ocupe no máximo 30% do filme, "senão corre o risco da [sic] audiência perder o interesse na obra devido à falta de um conflito central bem definido" (Massarani, 2020). É importante, no entanto, entender que, apesar de discorrermos sobre estruturas eficazes no desenvolvimento de roteiros e filmes, elas podem ser subvertidas e adaptadas às necessidades do autor.

Alguns métodos podem ser utilizados durante o ato I, entre eles o que Massarani (2020) chama de *mundo ordinário*. Nessa posição, os elementos dispostos são os que mostram o cotidiano do personagem, servindo como fórmula de apresentação do protagonista, tendo em vista que, ao colocá-lo em situação de agente diante de ocasionalidades, revelam-se, naturalmente, pontos cruciais de sua personalidade que vão aprofundá-lo além do arquétipo construído.

Apesar de sua importância, algum evento (externo ou interno) precisa acontecer para que seu *modus operandi* seja alterado. Em casos em que o autor do roteiro opta por um ato inicial mais longo, sugere-se que exista o *hook* (gancho). O *hook* precisa ser um elemento que trabalhe em prol da movimentação da história. Ele pode ser tanto uma imagem inicial com impacto (Alfred Hitchcock destacou-se em seus grandes filmes de suspense por fazer a utilização desse recurso) quanto uma cena que apresenta um grande acontecimento para, posteriormente, introduzir mundo ordinário.

Diante dessas duas posições, o personagem precisa seguir sua trajetória rumo ao objetivo. Aqui entra o **incidente**, visto não necessariamente como um advento catastrófico (apesar de poder e comumente ser), mas como um ruído que se torna um motivante para que o protagonista tome uma ação. Percebamos que, independentemente da escolha rítmica ou das decisões criativas, toda história precisa estar direcionada ao avanço e à sua movimentação.

A partir da disposição desses elementos (mundo ordinário, gancho e incidente), o autor, que pode optar pela fusão deles para complemento criativo da obra, aproxima-se do fim do ato I. Para certificar-se de que contemplou todos os pilares de um bom desenvolvimento da história, o roteirista pode fazer um *checklist* para conferir se: o protagonista foi apresentado, em que cenário ele está situado, o que ele objetiva, quais são seus impeditivos e/ou desafios e se todos estão bem fundamentados para a transição ao ato II.

Tradicionalmente, o **ponto de transição** destaca uma decisão grave, uma linha cruzada de forma abrupta, que move o personagem à resolução de sua história. É importante que o autor entenda que esse ponto precisa ser um momento de impacto (muitos optam por apelo visual ou transição marcante) que não dê alternativas ao protagonista além de avançar e resolver.

Suavizar a gravidade do evento que altera a vida do mundo ordinário do protagonista é arriscado, pois, se expusermos nosso personagem a um caminho facilmente retornável, em que seu mundo soa mais interessante ou atrativo para ele, a audiência pode questionar o sentido da história contada e prever o conteúdo do filme antes mesmo de seu segundo ato.

1.4.2 **Ato II**

Seguindo pela delimitação percentual, o ato II torna-se o mais desafiador para o roteirista por compor 55% da obra. Nele, estão as grandes potências criativas a serem desenvolvidas pelo roteirista em seu processo de escrita e executadas pelo diretor e sua equipe.

Os desafios que movem o protagonista começam a ganhar contornos dramáticos e profundos e "conversam" diretamente com a mente criativa do autor. O segundo ato costuma ser o clímax identitário do autor, revelando sob quais pontos de vista e sob quais influências ele determina o caminhar de sua história.

O roteirista deve escrever cenas que promovam o interesse do espectador pelo terceiro ato. Recomenda-se que os conflitos sugeridos (e estes não precisam partir de uma ideia de conflito violento) sejam desenvolvidos meticulosamente, para que sua duração esteja em consonância com os temas expostos.

A psicologia humana endossa a ideia de que as pessoas buscam no entretenimento a resolução de problemas pessoais ou, pelo menos, a identificação. Portanto, quanto mais densa a problemática abordada, com nuances que transitam entre a realidade e a diegese, maior a possibilidade de a audiência manter empatia pelo personagem e, consequentemente, ansiar pela resolução.

Duas estruturas devem se comunicar de forma orgânica no segundo ato: (1) a **ação crescente** (*rising action*) e (2) os **subenredos** (*subplots*). Como toda fórmula seguida estritamente sem considerar as variáveis imagéticas, sensíveis e humanas, é possível entender a ação crescente como um dos grandes vilões do roteiro e da direção moderna.

Vejamos o filme *Pantera Negra*, de Ryan Coogler. Aclamado pela crítica e pelo público, temos uma adaptação bem-sucedida dos quadrinhos sobre um personagem icônico que dialoga de forma natural com as questões raciais, políticas, espirituais e culturais da cultura negra. Um *blockbuster* que conseguiu ultrapassar o genericismo e a palidez das adaptações da Marvel Studios, que, em prol da união de seu grande universo, acaba por castrar as potências individuais de cada filme isolado.

O *rising action* do filme, levando em consideração seu tema político, poderia ser uma discussão acalorada baseada nos meandros sociais e culturais apresentados no filme ou mesmo uma cena de ação que tivesse a identidade abordada pela diegese, mas temos um embate derradeiro com recursos em CGI (imagens geradas por computador) que revelam a ação explosiva repetida por diversos filmes do gênero.

Em contraponto, o premiado filme *Manchester à Beira-Mar*, de Kenneth Lonergan, apresenta a trajetória de um homem marcado pelo trauma e pela depressão, sem perspectivas de melhora. Sem entrar na via do *spoiler*, o *rising action* do filme passa pela falta de ação, pois nessa ausência encontra a força narrativa que sustenta toda a caminhada de um personagem repleto de nuances intrínsecas à sua personalidade errática.

Os *subplots* podem ser trabalhados para suavizar a necessidade de um *rising action* desconexo. Eles podem nutrir a história de personagens que dão credibilidade ao cenário exposto. Ao mesmo tempo, o roteirista precisa ficar atento às resoluções: quanto maior o número de *subplots* e personagens secundários, maior o número de resoluções a serem apresentadas. Por isso, prefere-se que, em vez de personagens, como um protagonista forte e bem construído, os *subplots* sejam cenários e significantes para o contexto da história.

Alguns autores optam por rechear o ato II com a ruptura do **ponto central**, gerando uma sequência de escolhas e possibilidades, o que pode ser uma opção mais viável aos roteiristas adaptados às estruturas, que gozam de maior traquejo na desenvoltura (ou subversão) dos elementos prepostos.

Determina-se, então, o caminho para o clímax: o ato III. Utiliza-se um **segundo ponto de transição** que carrega as mesmas recomendações do primeiro: ações e/ou imagens impactantes para a fundamentação do fim.

1.4.3 Ato III

O ato III inicia o desfecho da obra e recomenda-se que ele ocupe 15% da história. Nele, temos o início da resolução da problemática apresentada ao longo do segundo ato.

O cinema busca nesse clímax o embate (muitas vezes épico) que culmina em um grande desfecho, o qual, no entanto, não é garantia de um bom final. Assim como o conflito e as motivações do personagem e do antagonista, o grande desfecho não precisa partir de um tradicionalismo limitante de resolução conflitiva entre dois opostos.

Em *Retrato de uma jovem em chamas*, de Céline Sciamma, por exemplo, a grande resolução subverte as expectativas e nos apresenta uma conclusão satisfatória, mesmo não seguindo os padrões históricos.

Esse exemplo mostra que a subversão de uma história original não precisa estar atrelada ao rompimento da estrutura e de seu ritmo, mas, em comum, os objetos dispostos são tratados e escolhidos diante do desenvolvimento dado. Logo, as estruturas estudadas precisam ser entendidasa não como delimitadoras da criatividade do autor, mas como terrenos férteis que oferecem a possibilidade de escolha. Tal qual a tela em branco para as artes plásticas, a estrutura do roteiro e seus elementos apenas oferecem um espaço norteador para que o criativo (o autor) faça dali seu universo e, dentro dele, desbrave novas possibilidades.

Cliffhanger – o gancho

O *cliffhanger*, ou gancho, serve como ponte entre um elemento e outro, dando dinamismo às cenas e à montagem do filme.

Até aqui entendemos a utilização, a disposição e o desenvolvimento dos elementos de um roteiro, no entanto, apenas inseri-los em uma produção, sem fluidez, não contribuem para o trabalho bem-sucedido do roteirista. Portanto, no próximo capítulo, trataremos do *storyboard* e de sua importância.

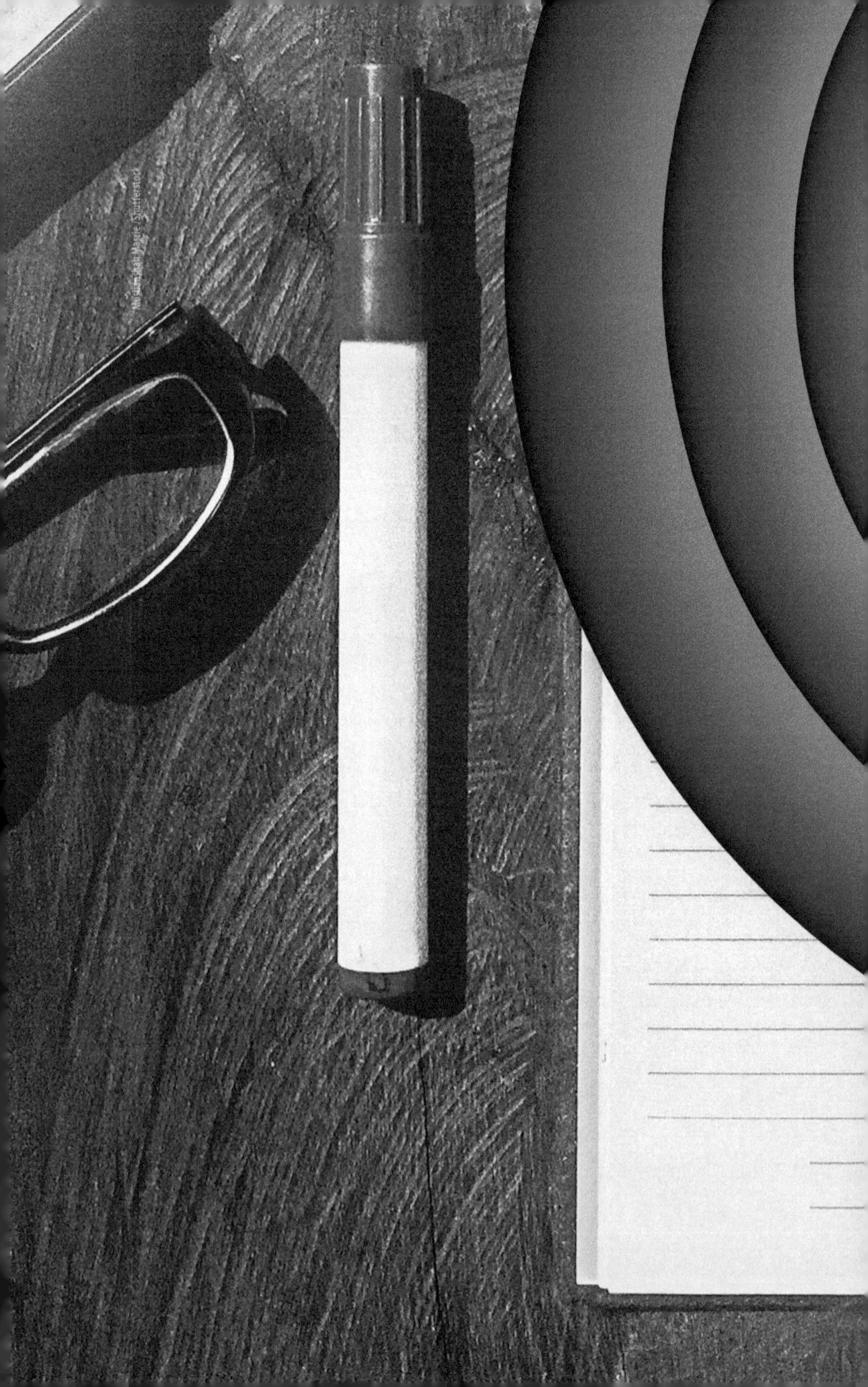

CAPÍTULO 2

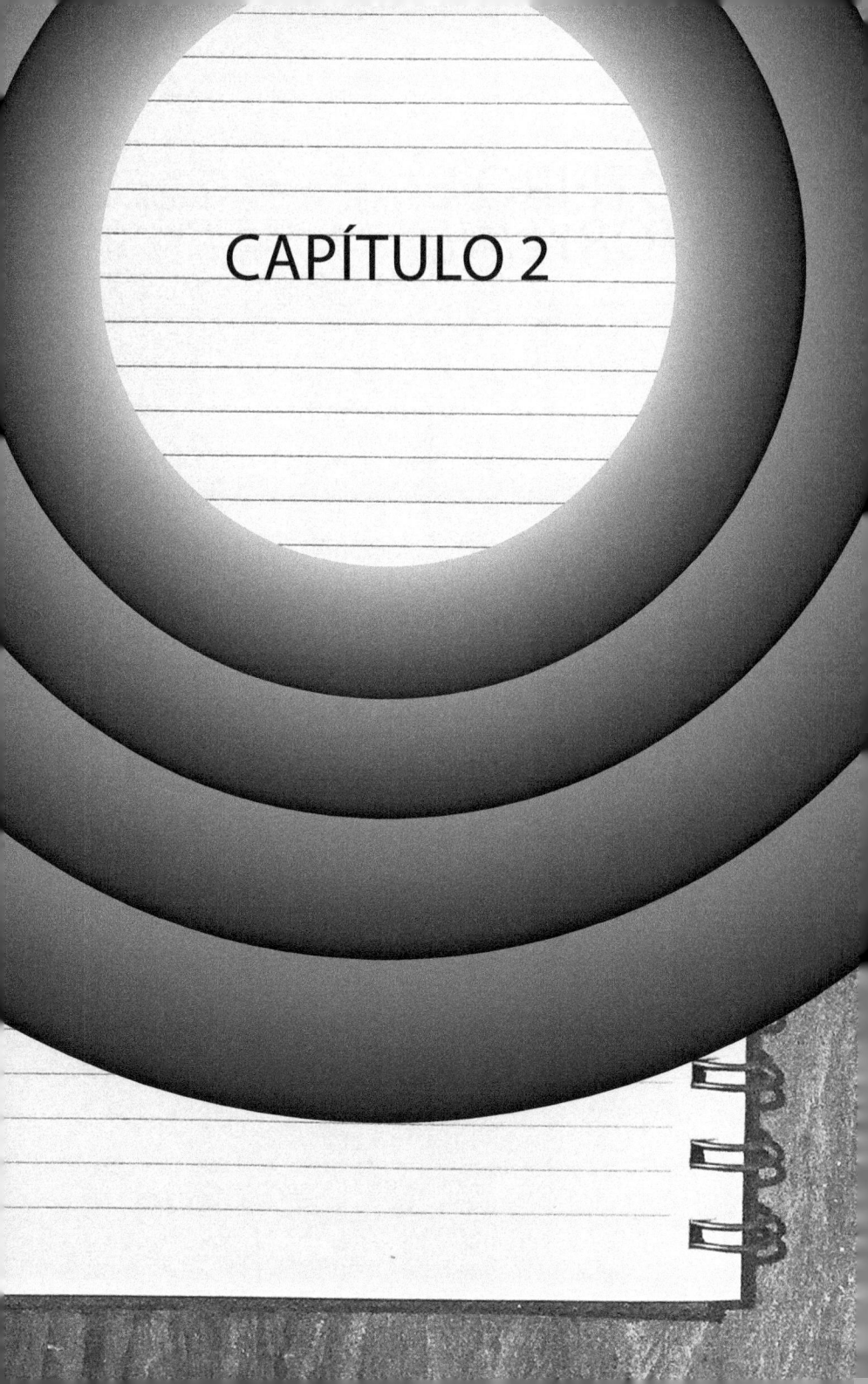

ROTEIRO E
STORYLINE

A linha da história (*storyline*) é o embrião de todo roteiro. Lavelle (2014, p. 47), ao discorrer sobre o nascimento de ideias e palavras, afirma que

> a palavra é o corpo da ideia e constitui algo uno com ela: não é um signo escolhido entre mil para expressar uma ideia já presente. Pois a ideia deve encarnar-se para ser; enquanto isso não acontece; ela permanece no limbo; mas, assim que animar a palavra mais corriqueira, ela vive e lhe dá vida; e a palavra adquire uma modulação interior pela qual parece revelar-nos um segredo do mundo espiritual.

Baseados na ideia do autor, entendemos que o *storyline* tem como função inicial o acolhimento das ideias e a transformação delas em estrutura escrita. A ideia parte de um campo subjetivo e profundamente abstrato, seguindo por vias de inspiração ou mesmo de construção de uma vontade permanente. Independentemente do local do qual partam essas ideias, o roteirista deve atentar-se a seu registro, para que elas não se percam em meio a inúmeros pensamentos revisitados e criados ao longo de um dia.

Podemos entender sua importância na medida em que analisamos os novos moldes de sociabilidade e de construção social para serviços laborais. Em razão da demanda capitalista, é raro que um roteirista iniciante possa se dar ao luxo de longas caminhadas (que não sejam por sentidos utilitaristas) ou horas a fio contemplando as cores das paredes ou a riqueza de detalhes da natureza. Normalmente, o profissional concilia seu desejo pela escrita e sua vocação de escritor com serviços laborais que nada têm em comum com a atividade ou a realiza de modo comercial.

Nesse cenário, o *storyline* ganha ainda mais peso dentro do processo de criação, por ser uma salvaguarda criativa do roteirista ao clarão de sua ideia, que pode ser dizimada pela estruturação social de excesso de produção e de acúmulo de informações relevantes.

Se nos aprofundarmos em todos os elementos que constituem os quesitos de sociabilidade e de existência catalogados e propostos para a continuidade da rede de pessoas e suas interações, observaremos um esvaziamento da individualidade de processos absolutamente preciosos para que uma ideia (e aqui não necessariamente resumos ao roteiro) seja desenvolvida.

O TikTok, rede social de maior ascensão entre os anos 2019 e 2020, preenche vazios superficiais destinados ao tédio como ideia de entretenimento e aceitação social, embora, na verdade, ele ocupe um tempo e crie a necessidade de existência de uma vulnerabilidade a ser preenchida, ainda com a retroalimentação do vazio.

No artigo de Santirso (2020), "O lado obscuro do TikTok, a rede social chinesa dos vídeos curtos", publicado no periódico *El País*, a ideia exposta é corroborada com o estudo da quebra da liberdade individual e da proteção de dados.

É a doença vendida como remédio, pois ambos se retroalimentam e passam a formar uma espiral de atividades simples cuja ruptura, quando aderidas ao contexto social, torna-se violenta e colateral.

Mas o que o TikTok ou as redes sociais têm a ver com o processo de escrita de um roteiro ou mesmo com a importância de um *storyline*?

O *storyline* não é obrigatório (como nada no roteiro, apesar de todos os pontos abordados serem profundamente recomendados), mas serve como um lembrete com função de materializar a ideia em seu sentido mais nuclear. Caso opte pelo *storyline*, o roteirista deve entendê-lo como o jornalista entende o *lead*: nele, devem constar os principais pontos de uma matéria ou notícia. Vamos exemplificar:

> A angústia de John Cley, garoto pobre e talentoso, que decide vender bebidas em estádio de futebol para sobreviver. Lá, se apaixona por seu amigo Vitinho, líder de uma torcida organizada que planeja confronto com a torcida rival no dia em que John Cley pretende se declarar.

Nesse exemplo, percebemos a intenção do autor de transmitir o máximo de informações no menor espaço. A densidade (aglomeração de palavras em pouco espaço físico) é um pré-requisito do *storyline*.

Temporalidades como "quando X evento acontece", "depois de X momento"; "a pessoa" – identificação do protagonista; "precisa", "terá de", "se depara com" (destino iminente e irreparável na trajetória do protagonista em questão) precisam ser contemplados no roteiro. Observe o Quadro 2.1 que identifica essas temporalidades no exemplo citado anteriormente.

Quadro 2.1 – **Temporalidades contempladas no roteiro**

Quando	Vender bebidas em estádio de futebol – apaixonar – confronto entre torcidas organizadas.
Quem	John Cley (protagonista) – Vitinho (antagonista).
Objetivo	Declarar-se (expressão de sentimento) – sobrevivência em ambiente inóspito – superar/intervir no conflito das torcidas.

O que é importante reparar nesse *storyline* e por que ele contempla todos os pré-requisitos? Se entendermos que o objetivo do *storyline* é fixar a ideia e atrair a audiência que terá contato com ela, o exemplo anterior supre essas demandas.

Sensivelmente ou não, estamos diante de uma história inusitada e que desperta curiosidade (é importante entender para qual público o roteirista está escrevendo sua obra), temos um protagonista pobre (gera empatia e identificação), gay (tema que gera conflito e profunda discussão social), talentoso (novamente a empatia), que se submete a um serviço aquém de sua capacidade e, além de tudo, apaixona-se (tema grave da natureza humana) por um amigo que circula e é diretamente influenciado por um ambiente machista, violento e homofóbico (futebol – torcida organizada). São temas de profundidades inesgotáveis que foram abordados em menos de quatro linhas e que vão nortear o roteirista ao longo de seu desenvolvimento.

Outra estratégia do *storyline* pode ser percebida inicialmente: "A angústia de...". Por que X está angustiado? A maioria das pessoas também está e ter o *feeling* psicológico e social ajuda para que o roteirista entenda como sua história pode atingir determinadas demandas sociais e produzir o interesse para que seja um projeto minimamente realizável.

Retornando à geração TikTok e suas implicações no *storyline* e no roteiro em si, entendemos essas e outras redes sociais como engrenagens distrativas que podem fazer com que a ideia luminar do roteirista se esvaia enquanto ele se perde nas demandas sociais (seria uma boa ideia para roteiro, inclusive).

Um dos grandes roteiristas e diretores de nossa geração, Paul Thomas Anderson, indicado a oito prêmios Oscar, já revelou que, para ele, escrever é um processo solitário e de isolamento.

Não há objetivo de conduzir o processo criativo do escritor, este é inerente, restrito e profundamente particular, mas serve como guia ao roteirista que se percebe travado em seu processo de desenvolvimento de ideias.

Apresentamos o *storyline* como perfeito confronto e ponto de partida daqueles que pretendem roteirizar suas ideias e desenvolvê-las. Não apenas serve como antídoto à cultura da banalidade e do esvaziamento diante dos acontecimentos ainda mais banais registrados por celulares e *smartphones*, mas resguarda o roteirista em seu núcleo e sua criação.

O exemplo que demos apresentou inúmeras possibilidades de temas que podem ser desenvolvidos, mas, antes, servem como terra plana para cimentar os pés criativos quando, naturalmente, um roteirista e/ou criador de histórias perder-se no universo de possibilidades que as emoções podem oferecer.

O *storyline* precisa ser um farol no alto-mar das ideias, das possibilidades, pois os desafios e as nuances das ondas são tão necessários ao desenvolvimento das ideias quanto o farol que nos mostra de onde partimos e para onde devemos voltar.

2.1 Diálogos

O diálogo, por ser o elemento mais comum e identificável pela audiência, talvez tenha o maior índice de má interpretação funcional no roteiro.

Podemos seguir diversas vias para encontrar a definição do diálogo e sua real função no roteiro. Temos, em uma única palavra, significados que podem ser conflitantes diante de seus objetivos.

Em sua forma mais convencional, o *diálogo* é uma conversação entre uma ou mais pessoas. Etimologicamente, convém entender *logos* como palavra (ela se concretiza a partir disso) e *dia* como por vias de, assim, o diálogo é o objeto estabelecido (a conversa) por via da palavra. Dentro de seu sentido, objetiva-se a resolução, a compreensão por meio da troca de ideias (ainda que estas sejam discordantes) pressupõe a concepção originária do diálogo.

2.1.1 O diálogo no cinema

O diálogo aplicado ao audiovisual segue algumas características específicas de seu nicho. Ao entendermos que o diálogo, por definição, é a conversação entra uma ou mais pessoas, rompemos essa ideia com a do cinema sobre a utilização de todos os seus elementos em busca do avanço. Em resumo e facilitando, ao aplicar o diálogo a um roteiro, devemos entender que ele deve, sim, seguir a estrutura de uma conversação e simulá-la da maneira mais fidedigna possível.

"A vida imita a arte" é uma expressão comum e deve ser levada em consideração ao desenvolvermos um roteiro e os diálogos que o compõem, assim como o autor não pode perder de vista a concepção de que o diálogo está a cargo do roteiro, que, por sua vez, serve ao avanço da obra. Essa linha é indissociável e não pode ser quebrada.

Entendamos essa necessidade pelo campo da psicanálise da vida em si, o tédio é a ausência de eventos, é o aborrecimento com a falta de movimentação, de atividades, de perspectivas e de ação. Quando procuramos uma obra, seja ela um álbum musical, seja um livro, seja uma peça audiovisual, buscamos o que nos falta: movimentação.

A música tem elementos que conduzem de maneira mais objetiva o ritmo e seu avanço, a peça escrita e sua aplicabilidade no audiovisual também, mas, por ser um emulador mais verossímil da realidade, tende a cair mais facilmente nas mesmas questões graves que fazem a vida ser boa ou ruim.

Essa análise serve para que o roteirista entenda a precisão de um roteiro que avance e de diálogos que devem e podem ser bem construídos e delongados, mas que jamais podem perder a noção de direcionamento para que o filme ou a obra se movimente.

Ainda que expostos de forma discreta, é necessário que os diálogos explicitem conflito, reatividade diante de uma ação concreta. Um personagem que tende apenas a concordar ou a endossar a fala de outro está no limiar do desinteresse, afinal, qual a finalidade dele no conflito a que nos propomos assistir? Não estamos assistindo a uma palestra ou a um culto.

Vejamos alguns exemplos de roteiristas que utilizam o diálogo como método de avanço, de forma sutil e quase como truque, a começar pelo mais reconhecido pela crítica: Woody Allen.

Allen destaca-se por um roteiro em que a conversação entre os personagens prevalece. É imprescindível que a filmografia do diretor, roteirista e ator seja estudada por aqueles que visam à produção de um roteiro que atinja todos os elementos com desenvoltura louvável. Em muitas de suas produções, um personagem incorpora o arquétipo neurótico e avaliativo das questões do mundo, ainda que elas soem como banais e demasiadamente cotidianas, ganhando relevância e força por, justamente, moverem (quase de forma frenética) os eventos do filme.

Os diálogos servem como elemento propulsor do avanço do filme, quase sempre representados por falas aceleradas e reações antagonizadas por respostas (réplicas) ainda mais inteligentes, formando um arco de conversação que mantém a audiência atenta aos próximos eventos da obra e entretém com as características inerentes à sua persona artística.

Woody Allen tampouco filma grandes atos heroicos ou eventos históricos com macro relevância para o mundo, pois prefere temas que tocam o íntimo de quem busca assisti-lo: memória, amor, traição, paixão, conflito, crença, fé, religiosidade, enfim, a vida humana. Serve de inspiração e nota para os que iniciam o roteiro e tendem a se questionar sobre a relevância de sua história. Para o roteirista, vale mais o como é contado, e não o que é contado.

Outro ponto ao qual o roteirista deve se atentar ao escrever os diálogos é sua necessidade específica na história. Em uma peça audiovisual, na qual os recursos são inúmeros, a história precisa independer dos diálogos para ter continuidade. Ao desenvolver a conversação entre os personagens, o autor precisa ter em mente que existem outros aspectos em jogo no desenvolvimento do filme: a narrativa visual e a ação (o mundo ordinário sendo desenvolvido).

Fomos acostumados a uma cultura audiovisual de roteiros profundamente explicativos, que utilizam seus diálogos para que a audiência entenda a cena, mas, definitivamente, subestimar quem está assistindo seu filme ou lendo sua obra é um caminho certo para o fracasso.

A maioria das telenovelas, por se dirigirem a um público mais amplo e, muitas vezes, carente, utiliza o diálogo e o monólogo como sinalizadores do evento que acabou de acontecer. Diretores e roteiristas reconhecidos e aclamados da atualidade tendem a ter o mesmo problema, ainda que de forma mais sutil ou mesmo charmosa.

Christopher Nolan, em grande parte de seus filmes, separa um personagem ou mesmo um ato inteiro para que, a partir de diálogos inteligentes, todo o filme seja repassado para os espectadores, como explicação, ponto a ponto, do que vimos. Temos, nessa constatação, um caso interessante, pois é inegável a habilidade do diretor londrino na condução de um movimento de desconfiança quanto à capacidade de seu público de entender seus filmes, tanto que muitas vezes seu didatismo é confundido com quebra-cabeças temporais por seus fãs, mas que, se olhados atentamente, podem ser percebidos como aquilo que, de fato, são: didatismo.

A crítica não é gratuita. Os filmes de Nolan são potentes quando a narrativa fala por si e seus personagens conversam a serviço de sua diegese, logo, faria parte de uma suposta evolução do diretor, na condição de autor, desapegar de sua necessidade de autoexplicação, cabendo ao roteirista entender os pontos positivos e negativos para sua completa aplicação.

> É importante relembrar que a *diegese* é a realidade do filme, suas dimensões ficcionais não podem chocar afinal, dentro daquele universo, o real é construído nos elementos chamados *diegéticos*.

2.1.2 O diálogo a serviço do personagem

Ao escrever um roteiro, é necessário considerar que as pessoas são peças distintas no tabuleiro da vida. Cada uma carrega suas nuances, como sotaques, classe social, personalidade ou mesmo traumas, por isso, os personagens precisam representar esses aspectos.

Lee Chandler, homem traumatizado e com estresse pós-traumático, carrega uma voz abafada, baixa, dicção falha em *Manchester à Beira-Mar,* assim como Norma Desmond, em *Crepúsculo dos Deuses,* atriz que caiu no ostracismo e não aceita a passagem do tempo, impõe sua voz caricata e escandalosa para recobrar uma glória que já não existe. Os diálogos escritos por Kenneth Lonergan e Billy Wilder, respectivamente, carregam falas e conversações poderosas, mas a composição na forma como seus personagens falam denota especificidades que constituem um elo significativo entre roteirista e ator, potencializando a narrativa e suas falas.

O equilíbrio precisa existir nesse processo. O audiovisual proporciona recursos que auxiliam o escritor na distinção de seus personagens, mas o roteirista precisa compor e desenvolver elementos que caracterizem seus personagens sem que eles se tornem caricatos.

A disposição dos elementos precisa balancear o avanço da história, do objetivo alcançado. Os diálogos, apesar de todas as recomendações quanto à sua autoexplicação e ao excesso de didatismo, podem ajudar a audiência a entender o que o personagem ou mesmo o diretor pretende com sua história, mas é vital que não seja artificial nem soe como alternativa utilizada por falta de recursos ou mesmo de criatividade de quem escreve.

2.1.3 O diálogo a serviço da história

Outro processo importante para a condução da história é como o roteirista fragmenta as informações ao longo do tempo-espaço que utiliza ao discorrer suas ideias. Um erro comum de roteiristas iniciantes é (pela ansiedade de contemplar todos os elementos) descarrilar um montante de informações assim que os personagens são apresentados em busca de impacto.

Vamos utilizar o exemplo do *storyline* hipotético citado anteriormente. O personagem John Cley é pobre, gay e talentoso. São informações importantíssimas na composição do personagem, no entanto, não é necessário que exista algum personagem que apresente John Cley como "este aqui é John, ele é gay, pobre e muito talentoso". É estranho, antinatural e subestima o público.

Podemos, em vez de uma apresentação forçada, trabalhar o cenário do filme, como a casa em que o personagem mora ou, ao utilizar o diálogo, criar uma conversação entre John e o amigo de como as coisas estão difíceis ou sobre sua angústia por conta do atraso de contas. Em relação à sua orientação sexual, é válido que percebamos isso em uma cena na qual ele repare atentamente no amigo pelo qual se apaixona, mostrando certo nervosismo quando este se aproxima, bem como e seu talento pode ser evidenciado em uma cena em que ele elabore um bonito desenho ou mesmo escreva um poema enquanto descansa do trabalho pesado. As possibilidades são inúmeras e mais eficazes do que a apresentação largada.

Os diálogos são importantes ao longo do roteiro e da troca entre personagens, mas não podem servir como acomodação ao roteirista, que precisa ter em vista a ligação de sua história com a realidade (a não ser que se trate de uma fantasia, de linguagem própria), deixando-a o mais similar possível com o que o "consumidor" de seu roteiro vive.

2.1.4 O diálogo na condição de avanço

Ao mesmo tempo em que o roteirista deve manter a obra de acordo com a realidade, ele precisa entender que seu roteiro, tal qual toda obra midiática, é uma simulação do real.

Vamos comparar uma conversação cotidiana aos diálogos de mídias tradicionais do audiovisual: na vida real, as pessoas desafinam, erram as palavras, perdem-se na linha de raciocínio, falam sobrepostas à fala do outro, não escutam determinadas palavras e nem reagem sempre de uma forma que gere a fluidez na conversa; já no audiovisual, temos a dicção, o tempo, a briga, a ação e a reação perfeitos. Qual seria, então, a solução?

Adicionar todos os quesitos de uma conversa real e a transpor para o audiovisual, além de produtivamente improvável, não soaria atrativo nem sustentável, no máximo seria curioso, inovador, mas incômodo e ruim. Reproduzir a conversação perfeita também já não é viável e verossímil, logo, o equilíbrio é o recomendável.

Nesse sentido, indicamos o trabalho do roteirista Noah Baumbach, norte-americano que se destaca pelo modo como inovou, com uma identidade bem marcante, seus roteiros e estilo de direção. Em *Os Meyerowitz: família não se escolhe* (2017), Baumbach radicaliza e, de fato, quase reproduz a realidade de uma conversação moderna, em que as pessoas (as personagens do filme) não se escutam e os diálogos são amorfos e interrompidos. Em razão da profunda habilidade do diretor, inclusive em direção, é importante notar que as lacunas que o excesso de realidade cria são supridas com a narrativa proposta, logo, segui-lo em seu estilo pode ser muito arriscado para o roteirista iniciante.

É mais viável para iniciantes inspirarem-se no elogiado roteiro de seu filme posterior e mais recente, *História de um casamento* (2019), em que há aproximação com a realidade, mas também respeito aos atributos da narrativa cinematográfica.

Ler em voz alta os diálogos e incorporar os personagens a fim de visualizá-los em interação é um bom método para considerar a funcionalidade e a verossimilhança. Opte pela fala quando ela for indispensável, entenda que a potência da vida está em nosso universo particular, e o poder da fala está no indispensável. As conversações banais memoráveis são aquelas que nos apontam, ainda que por meio do humor, da raiva ou da ocasionalidade, uma direção. Aqui, vale a máxima "a arte imita a vida".

2.1.5 Interação por meio do diálogo

Para entenderemos a aplicabilidade do tema à composição do roteiro, precisamos discutir o trabalho de um nome fundamental para o estudo do diálogo como elemento propulsor da interação entre pares: Mikhail Bakhtin.

Durante sua trajetória de vida, Bakhtin dedicou-se a estudar o impacto da linguagem cotidiana e suas consequências nos discursos artísticos, filosóficos e científicos. De acordo com o russo, a linguagem definia-se como um processo contínuo de interação que tem como maior elemento propulsor o diálogo. Em sentido análogo, a linguagem seria uma produção industrial, e as peças da grande engrenagem (interação) formariam o diálogo.

O autor foi preciso ao entender a linguagem como formativo natural e sem as amarras acadêmicas postas por estudiosos mais novos. Em suas palavras,

> A língua materna – a composição de seu léxico e sua estrutura gramatical –, não a aprendemos nos dicionários ou nas gramáticas, nós a adquirimos mediante enunciados concretos que ouvimos e reproduzimos durante a comunicação verbal viva que se efetua com os indivíduos que nos rodeiam. (Bakhtin, 1997, p. 301)

Aqui percebemos o paralelo entre o pensamento desse estudioso e uma predisposição do roteirista ao compor sua história. A naturalidade expressa (citada anteriormente), que precisa existir ao escrevermos diálogos e narrativas, passa pela identificação do roteirista de como deve ser seu método para que transpasse a humanidade em sua linguagem.

Como exemplo, podemos imaginar um filme que se passa na periferia de Recife na atualidade. O sotaque recifense tem características próprias, mas, diante do avanço cultural e da criação de novos movimentos artísticos, sociais e culturais (o gênero "brega funk", por exemplo), muito da linguagem singular do local, em seus signos, adição de novas palavras, gírias e ritmos, foi incorporado com a mudança social.

A linguagem existe para estar a nosso serviço e, ao incorporarmos o diálogo em nossas trocas sociais, novos meandros são identificados, criados e reproduzidos, tal qual o pensamento de Bakhtin (1997) ao endossar que não conhecemos a linguagem por meio de dicionários ou manuais de gramática. Estes servem para expor o léxico inerente ao escritor que precisa, por exemplo, de algumas palavras para enriquecer sua expressão, mas, para representar uma cena ou um contexto social, é necessário estar mais atentos à "musicalidade" da conversação e suas dinâmicas na condição de narrativa.

O roteirista precisa atentar-se aos cenários que descreve ou pelos quais segmenta suas histórias. Da mesma forma que um cenário característico (como a periferia de Recife) precisa compor suas paridades entre o real e o diegético, um cenário em que a linguagem precise ser mais formal também necessita.

Uma discussão entre sócios de uma multinacional em São Paulo não vai abarcar o mesmo universo lexical que os demais exemplos, logo, parte do preparo do roteirista no processo é observar o mundo e seu desenvolvimento, estando alerta para atualizações e novas tendências, ainda mais relevantes se considerarmos a escrita de histórias que se passam no presente.

Ao notar a individualidade de cada esfera pessoal e sua determinante para cada desenvolvimento humano, Bakhtin abriu uma base discursiva para o estudo dos métodos de comunicação populares e das redes sociais.

2.2 Expressividade e linguagem

Quando falamos de linguagem no roteiro, lidamos diretamente com a **linguagem audiovisual**. O roteiro serve a uma peça maior e é fio condutor para que o diretor possa estabelecer sua comunicação por vias de áudio e vídeo.

> *Linguagem audiovisual* é o resultado da união de três linguagens: (1) verbal, (2) visual e (3) sonora. O resultado cria um elemento específico, com seus códigos, signos e dialógica.

Durante os estudos percorridos ao longo deste livro, compreendemos a importância dos elementos que compõem um roteiro, como os diálogos, o *storyline*, as palavras, os indicativos e como eles serão desenvolvidos, no entanto, se ele não for transposto à tela, permanece como roteiro, sem aplicabilidade audiovisual. Assim, a essência do desenvolvimento cinematográfico não são necessariamente as palavras, apesar de elas conduzirem o autor no desenvolvimento de suas ideias com precisão diante da plataforma escolhida.

As imagens precisam falar e alguns métodos podem servir de direcionamento ao roteirista iniciante.

2.2.1 A ideia como imagem

Se as palavras alcançam a precisão e o desenvolvimento do que existe no clarão das ideias, esse *insight* pode ser definido como *imagem*. Toda ideia parte de uma imagem mental, que pode ser composta de uma infinidade de memórias adquiridas e sobrepostas aos sentimentos subconscientes ou pode vir de vivências e experiências dos mais diversos escalões. Uma ideia boa pode partir tanto de um grande evento, com dimensões graves para a vida humana, quanto de algo mundanamente irrelevante, mas de forte impacto emocional.

> Moletta (2009) denomina a imagem embrionária na condição de ideia como *imagem geradora*. Segundo o estudioso, "o contato com o mundo nos desperta um encantamento repentino que nos ilumina" (Moletta, 2009, p. 21).

Aqui, podemos interpretar a fala do autor com uma amplitude que ajuda a entender o nascimento das ideias. O contato com o mundo, ainda que grande parte das inspirações sejam externas (uma caminhada no parque ou uma viagem de ônibus), pode ser tanto externo (natureza, urbanismo, arquitetura, cultura etc.) quanto interno.

Podemos ressaltar, ainda, a expressão "cada pessoa é um universo" que guarda dentro de si especificidades, lugares, mundos, vegetações e reações próprias de um ambiente único e irrestrito.

A individualidade que compõe cada pessoa deve ser o elemento de maior inspiração durante o processo de desenvolvimento da ideia. Cabe ao roteirista o desafio de entender que seu processo de elaboração precisa agir tanto por palavras quanto por imagens, pois estas definem o audiovisual, ou seja, o produto de sua matéria-prima.

Moletta (2009) ainda define esse processo como a **pedagogia do olhar**, por entendê-la como um processo que exige a apuração da sensibilidade. Aquele que se dispõe a produzir um material audiovisual precisa estar aberto aos elementos que compõem o universo de sensibilidade humana.

2.2.2 As imagens como escrita

Aqui, partimos de uma ideia básica: tal qual o vídeo está intrinsecamente ligado às imagens que serão apresentadas em seu decorrer, o roteiro que o antecede deve, igualmente, ser conduzido pela visualização (do roteirista que o concebe) de imagens que farão parte da projeção/filme (ainda que elas utilizem a plataforma escrita para sua organização). "O pensar por imagens parte da ideia que deve existir a 'escolha' da imagem mais adequada para cada palavra, cada frase ou parágrafo de um roteiro" (Moletta, 2009, p. 45).

A imagem deve surgir de ideias que a valorizem como fundamento cinematográfico. O autor do roteiro pode, ao planejar uma cena, instruir, com base em seu material, se determinado momento filmado deve passar por um corte ou por uma decupagem mais fluida, por exemplo.

No entanto, escrever um roteiro para audiovisual é, ao mesmo tempo, um processo de desapego com seu material, pois, ainda que se instrua e forneça ideias que podem guiar o diretor na transposição do material escrito para a tela, cabe à equipe de direção e, em especial, à figura do diretor a tomada de decisão sobre como as imagens escritas falarão em tela.

Recomenda-se que o realizador se atente às cenas dos filmes aos quais assiste. Para desenvolver a própria identidade e aprender a escrever as cenas com imagens, o melhor exercício é assistir aos filmes com um olhar meticuloso, analisar profundamente cada cena. Isso não necessariamente precisa ser um trabalho artificial, tecnicista e imóvel, como uma espécie de castração ao apreciar de uma obra, mas sim seu radical oposto.

É necessário apurar a sensibilidade para entender cada cena em sua riqueza. Cada composição, por termos a imagem no audiovisual como temos a letra para a escrita, é uma ferramenta em desenvolvimento para um todo que é exposto e distribuído intencionalmente com esmero e cuidado pelo diretor. Suas decisões visuais partem de um local de expressão para o que intenciona como obra. É válido que, como parte desse exercício, após assistir ao filme, leia-se o roteiro e faça-se o caminho inverso quantas vezes forem necessárias para maior apreensão de ideias e inspirações.

Como bom exemplo, temos *Rocky: um lutador*, de John G. Avildsen, escrito e estrelado por Sylvester Stallone. Despercebidamente, podemos entender o filme de 1977 como um clássico esportivo, mas, com um olhar mais humano, é fácil perceber que o boxe é apenas um pano de fundo para um filme sobre a vida.

Figura 2.1 – **Rocky Balboa e seu impacto além do cinema**

ROCKY Balboa. Direção: Sylvester Stallone. EUA: Sony Pictures, 2006. 1h42min.

METRO GOLDWYN MAYER/ROGUE MARBLE/COLUMBIA PICTURES CORPORATION/ BRAMLEY, JOHN/Album/Album/Fotoarena

Rocky é – como tantos – um homem sensível, mas sem oportunidades e que, por sobrevivência, submete-se a lutas perigosas, que pagam pouco, e à agiotagem. Rocky mora na Filadélfia fria, sempre cabisbaixo, apesar de carregar um otimismo discreto e um senso de humor peculiar, apaixona-se pelo simples e não tem grandes pretensões na vida.

Encontra-se assustado quando recebe a oportunidade de uma vida: a luta contra o grande campeão de sua categoria. Em seu desenvolvimento, algumas cenas marcantes dizem mais que a mera exposição imagética em tela. Há o conflito psicológico com seu treinador pela frustração antecipada diante da falta de confiança por se ver na iminência de uma grande transformação, afinal, qual a maior dor? A falta de oportunidade ou desperdiçá-la? A grandiosidade de quem tentou – mesmo sem condições equivalentes – derrotar quem está no topo ou manter-se na "dor confortável" de subsistência?

Esses questionamentos tanto aproveitam as potências de um roteiro bem escrito (a discussão entre Rocky e Mickey antes de o lutador aceitar ser treinado pelo veterano) quanto imagens marcantes que revelam toda a potência do audiovisual: *Gonna Fly Now* toca enquanto Rocky sai do chão, em uma madrugada fria, maltrapilho, sem descanso, e seu êxtase quando a câmera o acompanha subindo as escadas que marcaram a história do cinema.

Ali, Rocky venceu a luta, a mais importante, contra si. A luta contra Apollo Creed torna-se apenas uma etapa a ser cumprida de redenção pessoal, utilizando como recurso sua "habilidade" conquistada ao sobreviver à vida: apanhar e aguentar de cabeça erguida dores, pancadas e frustrações. E o resultado nem mesmo importa.

A união entre os elementos no cinema forma uma grande experiência e, quanto mais se assiste, mais bagagem cultural e exercício imagético são criados pelo realizador. A atenção é elemento central na criação de um realizador.

2.3 Roteiro e seus elementos

Ao longo deste livro, apresentamos alguns elementos indispensáveis para a composição de um roteiro, no entanto, como aplicá-los na prática? O modelo mais comumente utilizado é o *master scene*, por sua estruturação universal.

O formato de roteiro *master scene* nasce da necessidade de padronizar a estrutura na qual encaixamos o roteiro. Partindo dos pontos apresentados a seguir, o modelo visa expor as informações dispostas no roteiro da maneira clara e objetiva.

Esse formato age, inclusive, de modo que o roteirista tenha controle sobre o tempo das cenas que passa ao diretor, considerando sua disposição mais fragmentada, diferentemente dos roteiros de teatro, que guardam uma ocupação mais densa de seus escritos.

Esse modelo, que contribui para o objetivo de um roteiro profissional, distribui de forma essencial todas as peças principais em sua aplicação prática.

2.3.1 Ideia

Todo roteiro, composição ou obra parte de uma ideia, como mencionado anteriormente. Segundo Lavelle (2014, p. 53),

> A cada um de nós a verdade aparece por clarões: mas nosso espírito recai quase imediatamente em seu estado natural de inércia e obscuridade. Sentimo-nos, então, como que abandonados: o esforço doloroso que fazemos para reencontrar a luz perdida revela-nos tão somente a nossa impotência. No entanto, se conseguimos captar essa luz pela escrita, tornamo-nos capazes de reanimá-la quando ela parecia extinta.

A visão espiritualista desse autor é útil para que exista a valorização dos métodos iniciais tão subjetivos pelo escritor. Suas ideias e inspirações não podem ser menosprezadas, por menor que soem ou mesmo que não pareçam suficientemente relevantes dentro da nossa redoma de autoavaliação. Nisso, o *storyline* tem um papel ainda mais valioso.

2.3.2 Storyline

Ainda segundo Lavelle (2014, p. 53), "Tal como a fala, e melhor do que a fala, [a escrita] permite que o pensamento, ao se expressar, se realize". Logo, condensar a ideia em um segmento de pouco espaço é bastante importante.

Como vimos anteriormente, o *storyline*, ou *longline*, forma uma espécie de sinopse que atrai o leitor ou a audiência para os pontos mais determinantes da história a ser contada, além de servir de porto seguro criativo para o escritor quando ele está perdido diante das ideias que palpitam por ramificações de seu argumento inicial.

2.3.3 Argumento

O argumento precisa ser o intermédio entre a ideia *longline* e a elaboração do roteiro. Ele precisa ser a base criativa do roteiro, contendo as determinações sobre o que deve agir em cena e algumas indicações de falas. O ideal, no entanto, é que estas sejam essenciais. Normalmente, as falas postas no argumento são as que fazem parte da matriz criativa do roteiro; sem elas, boa parte da identidade se perde.

A escrita do argumento deve seguir a estrutura corrida. Devemos entendê-la como um catálogo de premissas que têm ligação entre si, mas não necessariamente precisam ter conectivos, tendo em vista que esses elementos serão trabalhados futuramente no desenvolvimento do roteiro.

Se no *storyline* definimos o conflito e os personagens que passarão pelos desafios, o argumento busca criar cenas que formam a história. Roteirista e argumentista não necessariamente precisam ser a mesma pessoa, mas, caso o trabalho seja dividido, é necessário que exista a credencial explícita no material.

2.3.4 Escaleta

A escaleta está para o roteiro assim como as normas da ABNT estão para o trabalho acadêmico. A escaleta é a estrutura na qual se distribui a matéria-prima criativa do roteiro. Nela, devem existir as indicações de fala, separações de cena, cenários narrativos e descrição de como os personagens devem se comportar e agir diante das situações escritas.

2.3.5 Roteiro

Chegou a hora da montagem do roteiro. É preciso entender que ele deve listar todas as peças que montarão o filme, sendo dividido em cenas e contendo as indicações para que o diretor conduza sua visão.

- **Cabeçalho:** Antecede toda a cena, informando: a luz utilizada no ambiente, onde a cena vai se passar e seu número. A luz precisa ser indicada por especificações de DIA e NOITE – INT. (cena interna) e EXT. (cena externa) e sua numeração é útil quando entregue (se roteirista e diretor forem pessoas diferentes) à produção do roteiro. Existem métodos em que a gravação do final do filme pode anteceder a introdução ou mesmo o meio, mas a numeração serve como guia temporal.

- **Transição:** O corte específico de uma cena para outra deve ser indicado pela transição. Alguns termos são comumente utilizados, como *corta para* ou similares. Não costuma ser um hábito de novos roteiristas, mas quando parte do conceito fílmico, deve ser utilizado.
- **Ação:** Aqui existem alguns detalhes para os quais o roteirista deve se atentar ao escrever. Sua capacidade de descrição deve ser elevada ao máximo, de modo a contemplar as determinações pedidas pela ação no roteiro. Por exemplo, se um novo personagem aparece no roteiro, as informações de características físicas, psíquicas, sociais etc. devem estar presentes em letras maiúsculas. Não interfira na decupagem da cena e não queira dirigir a partir do roteiro.

Como visto anteriormente, o roteirista pode e deve dar indicativos das ações tomadas pelos seus personagens, principalmente especificando cenas que podem (mas não devem) ter uma abrangência que confunda mais do que oriente o diretor. Por exemplo, não escrever "Sara entra em casa angustiada". Aqui damos infinitas opções ao diretor, que pode criar inúmeros filmes distintos a partir de um sentimento que pode ser representado subjetivamente: a angústia.

As pessoas demonstram angústia de modos distintos, por isso, cabe ao roteirista indicar como Sara expõe sua angústia: "Sara entra em casa. Sara está inerte, esbarra na bancada e deixa as chaves caírem. Sara não percebe. Seus olhos tampouco se movem e seu corpo parece longe de seu espírito". Apesar de ainda conter alguns elementos subjetivos, existem determinações específicas de como a angústia de Sara deve ser demonstrada. A clareza das ações precisa ser um elemento essencial na criação de um roteiro.

- **Diálogos:** Ao expormos os diálogos durante o roteiro, não é necessário que exista o prenúncio da ação que será tomada. Não devemos colocar: "Então, Sara fala: ...", apenas "SARA: ...". O indicativo da fala pode ser discreto, e a antecedência do nome deve ser suficiente para orientar o diretor de que o personagem tem uma fala a seguir. Caso exista alguma orientação de como a fala deve ser proferida, é recomendado o uso de parênteses indicando a forma como o diretor deve extrair a emoção de seus atores.
- *Voice over*: Morgan Freeman, em *Guerra dos mundos*, de Steven Spielberg, serve como grande exemplo de *voice over* no cinema. Ou ele serve como narrador (caso do filme citado) ou pode ser um personagem que não participa da cena e narra algum acontecimento.
- *In off*: A cena em que Joe Gillis, roteirista refém da ex-estrela do cinema, Norma Desmond, foge para a festa de ano-novo é um bom exemplo de *in off*. A cena representa um pequeno espaço com grande número de pessoas, logo, alguns diálogos podem ser ouvidos ainda que a câmera não esteja focada nelas. Portanto, o *in off* é a fala do personagem que não está na cena, mas pode ser ouvido, e sua fala, ainda que como **background sonoro**, tem relevância (muitas vezes mínima) para a composição da cena.

FIM (assim deve ser finalizado todo roteiro).

- **Tratamento:** Assim como toda e qualquer peça escrita, o roteiro não está pronto assim que o roteirista põe seu ponto final. Essa parte pode ser denominada *revisão*, processo mais calmo que sucede a escrita, podendo servir como processo de retirada ou adição de cenas e não tem prazo ou mesmo tempo determinado. Alguns roteiros históricos, na verdade, passam anos em processo de tratamento para que todas as suas questões sejam afinadas diante dos desejos dos roteiristas e das pessoas envolvidas no projeto.
- **Formatação:** Existem alguns *softwares* de escrita de roteiro que podem auxiliar o roteirista, em especial o iniciante, na hora de encaixar seus escritos nas normas que padronizam os roteiros. Alguns *sites* oferecem plataformas gratuitas e de fácil acesso para que o escritor possa se adaptar ao método sem que esteja refém de formatações.

Ainda que a substância (conteúdo) do roteiro seja o verdadeiro determinante para o sucesso dele como produto/obra, é necessário entender que uma boa formatação o destaca ao ser encaminhado para o diretor ou à produtora que o encomendou.

No caso de ser um roteiro autônomo que será enviado para alguma distribuidora, é ainda mais importante que o roteirista se atente à "embalagem" que circunda seu roteiro, afinal, ainda que suas ideias estejam transpostas na página de forma coerente e talentosa, a formatação bem-feita é uma habilidade exigida no mercado para que exista uma padronização dos escritos.

Lembre-se: o roteiro (escrita) serve à imagem (visual). E, bem ou mal, estamos lidando com uma peça audiovisual. Portanto, esmero estético não é um pequeno detalhe na confecção de seu roteiro, e sim um resultado natural do seu comprometimento com a escrita e sua entrega como colaborador.

Nesse processo de entendimento prático e de construção de roteiro, percebemos sua aplicabilidade, principalmente em projetos cinematográficos. Suas categorizações bem delimitadas abrem a discussão para alguns outros pontos importantes que serão abordados no próximo capítulo e, em continuidade, conheceremos tanto os meandros do processo substancial do roteiro quanto suas fragmentações produtivas.

O Capítulo 3 marcará a finalização de nossa jornada de estudo do roteiro e apresentaremos outra estrutura que, ao longo dos anos, foi se consolidando como auxílio ao roteiro e se emancipando no mercado: o *storyboard*.

Estudaremos de forma expositiva as diferenças, as vantagens e como as duas estruturas convergem em prol da organização de projetos, desde aqueles com características artísticas até os de segmento comercial.

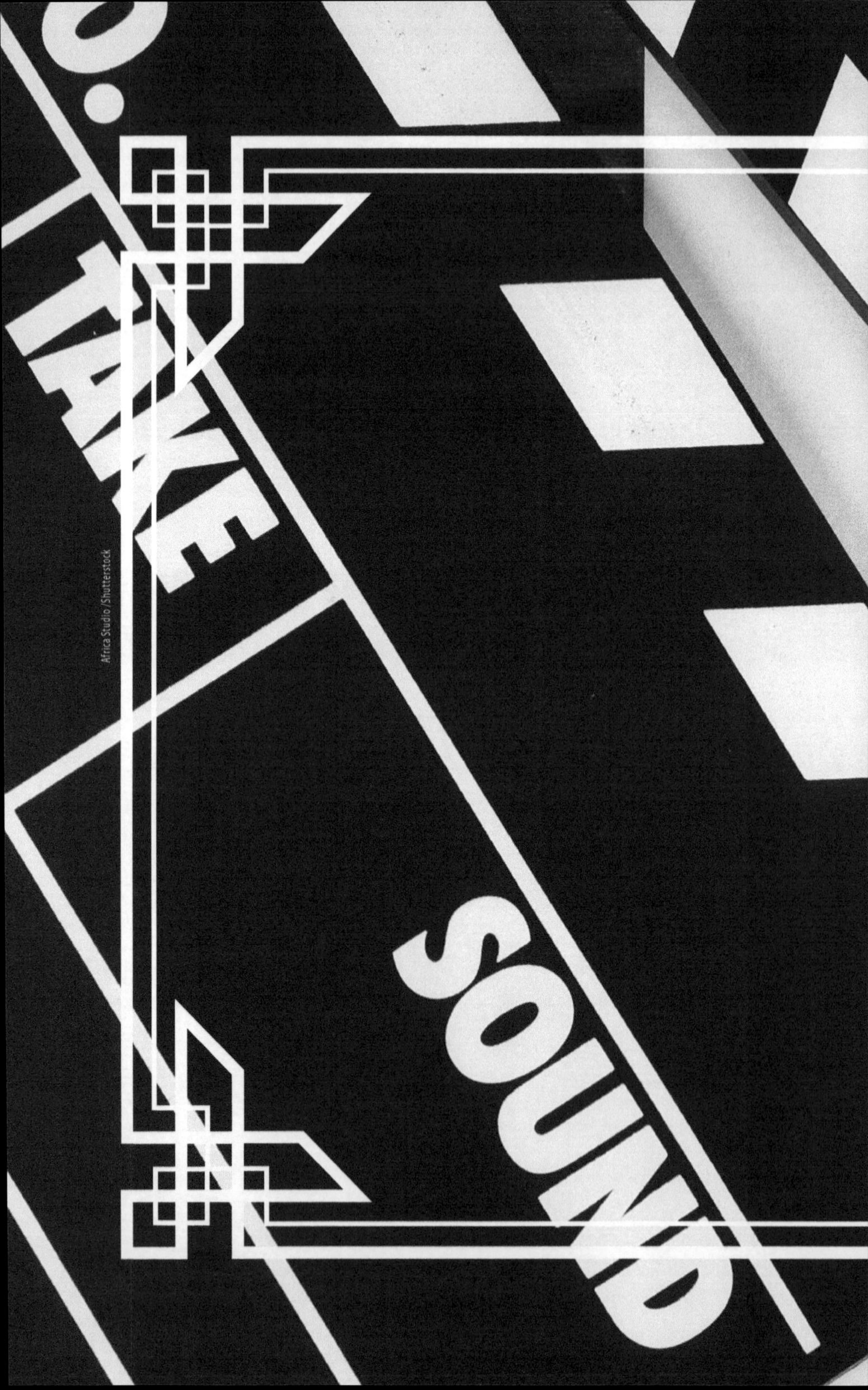

Africa Studio/Shutterstock

CAPÍTULO 3

COMPOSIÇÃO

De acordo com o Dicionário Houaiss, composição é a "constituição de um todo", o "modo pelo qual os elementos constituintes do todo se dispõem [...]" (Houaiss; Villar, 2009).

Normalmente associada à arte musical, *compor*, na prática, significa reconhecer tanto os elementos palpáveis quanto os abstratos e inerentes a qualquer autor que tenha sua matriz criativa como gênese da ideia e, posteriormente, de sua prática.

Estudamos nos capítulos anteriores os principais elementos do roteiro em sua categoria técnica e sua formatação, para que, ainda que se trate de uma obra de arte, tenha-se uma espécie de padronização para melhor desenvolvimento das ideias ali apresentadas.

As visões e as análises de Lavelle (2014) foram, inclusive, importantes para a identificação do nascimento das ideias, e seu apego quase sacerdotal ao que não deve ser fugidio. No entanto, considerando que a composição parte do pressuposto da disposição de elementos e de sua desenvoltura em relação à produção, como ela pode ser aplicada de forma prática ao processo que urge pelo orgânico?

Ao compor, independentemente da mídia escolhida, precisamos entender uma premissa básica: estamos contando uma história. Toda obra conta uma história (ao menos toda boa obra). Uma fotografia carrega uma narrativa tanto em seu aspecto estrutural quanto em sua substância (o dia em que a foto foi tirada, a hora, a temperatura ambiente, os elementos envolvidos, o humor e a visão de quem foi fotografado etc.).

Uma música, ainda que seja instrumental (e a força da música reside em ser autônoma diante do verbal), também existe em função de uma história a ser contada. Na música *Highway Anxiety*, de William Tyler, por exemplo, existe uma jornada de quase 10 minutos em que os acordes de uma guitarra melancólica conversam a respeito de resolução, trajetória, tristeza e conflito. Sequer uma palavra é dita.

Apesar da falta de comunicação verbal, entendemos que o dizer é só mais um método, não necessariamente o meio pelo qual as palavras buscam sair. William Tyler poderia ter escrito um poema, um texto, filmar ou ter feito uma pintura para externar sentimentos tão únicos quanto concomitantes aos que guardam sensibilidade, mas ele é um músico, e músicos compõem a partir de instrumentos musicais.

O roteirista escreve. Sua paleta de cores ou seus instrumentos são registrados em páginas em branco, mas o embrião de suas ideias, sua área sensível, parte de lugares idênticos (ainda que cada artista – e pessoa – tenha seu universo particular) aos daqueles que se expressam por estradas diferentes.

A priori, o roteirista precisa entender que sua obra serve a outra (como visto anteriormente). As palavras precisam vir do imaginário vivo, de fato, mas não estamos escrevendo um livro. O livro precisa se bastar; o que vier (se vier) posteriormente será determinado por forças que agem depois que sua trajetória artística foi cumprida.

O roteiro só é roteiro porque é sobre algo. Um roteiro de viagem, um roteiro de trabalho, enfim, um roteiro de cinema. Sua vitalidade está associada ao que vem depois, logo, o roteirista precisa agir sob inspiração de olhares múltiplos. Ao mesmo tempo em que as palavras traçam o caminho da solidificação de suas ideias, sua visualização final precisa ser daquele que, ao término de seu trabalho, enxerga seus registros e atende às instruções de seu universo particular,

> Pois a ideia deve encarnar-se para ser; enquanto isso não acontece, ela permanece no limbo; mas, assim que vem animar a palavra mais corriqueira, ela vive e lhe dá vida; e a palavra adquire uma modulação interior pela qual parece revelar-nos um segredo do mundo espiritual. (Lavelle, 2014, p. 47)

O filme nunca será a visão ideal do roteirista quanto à história que contou (apenas se ele também for o diretor do filme), mas seu papel é determinante no encaminhamento bem-sucedido do audiovisual. Como visto no capítulo anterior, um bom roteiro não garante um bom filme, mas um mau roteiro compromete um filme, independentemente da habilidade de seu realizador.

No roteiro, experienciamos um trabalho de intervenção, que acontece antes de o produto ser realizado, sendo o principal ponto de partida da composição de um roteiro o entendimento de que ele é um conjunto de cenas. Portanto, por definição e lógica, precisamos compor boas cenas, tanto individualmente quanto considerando o conjunto.

Chegamos a um ponto em que o roteiro se revela como um universo de possibilidades e de caminhos tortuosos. Ao escrevermos boas cenas, não significa que fizemos um bom roteiro, pois elas precisam formar um todo, logo, o processo do roteiro é de servidão. As cenas servem ao todo (elas precisam funcionar isoladas e em conjunto) e o todo serve ao filme.

Para que o formato do produto funcione, urge que o roteirista, antes de qualquer método de composição, crie uma imaginação sólida, em que a diegese seja tão segura quanto a realidade vivida.

Ficcional ou não, é necessário entender que estamos criando um universo e, diante dessa informação, qual a possibilidade de que ele seja bem-sucedido em relação à audiência se nem mesmo o criador tem confiança naquilo que compõe?

Imagine o universo de *Star Wars* se George Lucas fosse inseguro o suficiente para retalhar sua obra por conta de furos científicos ou porque prospectava uma reprovação pela adição de som no vácuo do espaço? Ele nos apresenta um universo novo, imaginativo, autossuficiente e inspirador quanto à atividade de contar uma história. Portanto, antes de escrever o roteiro propriamente dito, aprofunde-se no universo que pretende apresentar para uma audiência ampla. Conheça os personagens, suas características, suas nuances, os cenários, a vegetação (física e "espiritual"), as especificidades e cada aspecto que faz dele para que tenha sido eleito um dos clarões que terão vida útil maior que a de perpetuar a imaginação de uma mente criativa.

Quanto maior a profundidade do universo em nossa mente, maior o percentual de chances de se obter uma boa história. O roteirista pode desenvolver uma habilidade louvável de fragmentar as substâncias vivas do mundo em corpos diferentes. Logo, o personagem não precisa se caracterizar de forma óbvia (a não ser que seja uma escolha criativa do diretor diante do *pathos*). Elementos externos são úteis no processo de composição da obra.

No primeiro filme de sua carreira, *As virgens suicidas*, Sofia Coppola conta a história de um grupo de irmãs angustiadas pela falta de liberdade promovida pelos seus pais religiosamente fanáticos. Nela, não existe nenhuma cena explícita de desabafo diante da óbvia repressão, mas os vestidos das irmãs são apertados, eles sempre se prostram apertadas em um quarto que as transforma em uma – nunca em seres individuais –, suas cenas de apresentação, reveladoras quanto suas personalidades, se passam dentro de uma casa muito pequena para o anseio de adolescentes que buscam algo tão simples quanto impossível (diante do cenário): viver.

Em uma das derradeiras e raras cenas em que Lux Lisbon, personagem interpretada por Kirsten Dunst, demonstra o gozo da alegria de uma vida banal, em que tem a oportunidade quase lúdica de viver uma noite de liberdade, desvirginada pela grande paixão do colégio, a cineasta consuma o ato em plano aberto, em um estádio de futebol vazio, longo, local que tem espaço e ar.

Nesse exemplo, o cenário é composto de forma que não seja preciso explicação didática do que se passa na mente e no coração da personagem, o cenário – ou a falta dele –, suas expressões e anseios ultrapassam a categoria do verbal e agem conforme o audiovisual propõe, em que palavra, som e áudio caminham juntos em prol da comunicação ativa dos sentimentos.

3.1 Tema e gênero de roteiro

Toda forma de comunicação conta uma história, ainda que ela se ramifique em outro método de comunicação, como aprendemos nos capítulos anteriores. A vida nos apresenta uma gama de cenários que quebram a monotonia almejada, confundida pelo que visualizamos como paz, muito pela formação conservadora cristã de paraíso como gozo a ser alcançado. No entanto, ao estudarmos qualquer segmento psicanalítico, entendemos que a vida, para que seja vida, carrega dentro de si o inerente destino dos diversos **gêneros**.

Não seremos felizes ou infelizes durante toda a vida. Alguns eventos trágicos podem se suceder com maior continuidade ou uma vida pode ser marcada pela tristeza (esta pode compor o **gênero** popularizado cinematograficamente como **drama**) e, diante desse grande cenário de melancolia, desfrutaremos de alguma comida saborosa, de alguma conversa interessante, de uma sessão de risada com amigos ou com algum programa televisivo, enfim, alguns pequenos alívios trarão à vida sua paridade com a frequência sonora: ora estaremos em baixa, ora as coisas tendem a se animar.

No entanto, mesmo diante dos mais diversos cenários, existe uma visão predominante de nossa natureza essencial. Uma pessoa deprimida dificilmente enxergará a vida com um sabor que não seja equivalente a uma névoa densa que obstrui a visão. Uma pessoa otimista, popularmente chamada de *feliz com a vida*, vai encarar os obstáculos naturais como prenúncios de uma futura bênção ou mesmo com bom humor.

É importante que esse panorama da vida humana seja lançado para que você entenda sua relação direta com o **tema e o gênero de roteiro** (equivalentes ao tema e ao gênero cinematográfico), direcionamentos determinantes ao grande público quando ele escolhe o que assistir e/ou consumir.

Desde a Grécia Antiga, Aristóteles catalogava os gêneros literários. Para ele, existiam o **épico**, no qual há ramificações que cumprem o destino traçado por esse gênero, o **lírico**, poema, elegia e ode eram os mais característicos na época, e o **dramático**, o mais abrangente e que atingiu mais durabilidade ao longo dos tempos modernos, pois contemplava da tragédia à comédia (Aristóteles, 2016).

Considerando a riqueza de delimitações (ainda que soe contraditório) promovida pelos estudos de Aristóteles, tendo como base os gêneros literários, podemos entender os gêneros cinematográficos, sendo as definições de Aristóteles determinantes, inclusive, para outras mídias e âmbitos. Seu entendimento auxilia a quem sem propõe a contar histórias, servindo ao que vamos chamar de *cânone*.

> O cânone não é mais do que a eleição de um conjunto, isto é, um corpus de obras que representam as mais elevadas virtudes estéticas de certo tipo de filmes, em função das premissas convencionadas quer estilística quer tematicamente para um determinado gênero. É o cânone, portanto, que permite identificar as características imprescindíveis e superlativas a que uma obra deve aspirar ou que deve conter, no sentido de pertencer a, ou se destacar num determinado gênero. (Nogueira, 2010, p. 11)

Os estudos de Nogueira (2010) nos ajudam a entender o porquê de os roteiros terem um viés de regra quando algumas histórias estão sendo contadas. Os gêneros começam a ganhar força e padronização a partir do estabelecimento do mercado cinematográfico americano.

Hollywood estabeleceu, desde sua instituição como mercado, a segmentação de gêneros como estrutura macro, mas outros mercados globais também criaram suas próprias identidades com base na matriz preposta por temas universais.

De maior conhecimento do público, trabalhamos com, por exemplo, a comédia, o drama, o horror etc. Esses gêneros foram apropriados pela indústria mais conhecida, mas resultaram em segmentações (subgêneros) que passaram a funcionar por si.

Temos exemplos do *Western Spaghetti* na Itália (junção dos filmes de faroeste com marcas culturais da Itália), da pornochanchada no Brasil (erotismo cômico), os filmes de artes marciais do Japão e da China (ação diante de elementos culturais dos países asiáticos) e a *Nouvelle Vague* (drama-romance-tragédia francesa que guardava signos específicos de um período de tempo do país).

Se estudarmos os gêneros macro, entenderemos o que compõe a constelação que resguarda todos os demais subgêneros. Os principais são: ação, comédia, drama, fantasia, ficção científica, *film noir*, musical, terror, *thriller* e *western*.

É importante destacar que a matriz dos gêneros parte de locais diferentes. Eles podem ser definidos pelas emoções que despertam, pelos temas abordados (aqui podemos encaixar a ficção científica, que – por definição lógica – precisa partir de temas relacionados à ciência), pelo conteúdo de sua trajetória (como os elementos atuam ao longo da história) a partir da reação favorável durante sua apresentação.

Vamos catalogar os gêneros principais que servem como base da escrita roteirizada com o objetivo de auxiliar o roteirista iniciante, que busca padronizar sua diegese em plataformas funcionais. Ao mesmo tempo, é necessário que ele esteja ciente de que cada universo (gênero) parte de uma base que ramifica nos demais universos (subgêneros), contribuindo criativamente, inclusive, para que, caso o roteirista tenha uma história profundamente original, possa criar seu próprio gênero, baseando-se em suas particularidades como autor e nos aspectos indissociáveis do âmbito social.

3.1.1 Ação

O gênero de ação resguarda um dos maiores preconceitos em relação ao universo narrativo. Nele, a trajetória é (ainda que seja pleonasmo) em prol do agir. Por existir um direcionamento literário a todos que escrevem uma história, há, bem ou mal, uma visão popular de que pode ser um gênero menor, mais voltado ao comercial, já que sua finalidade é baseada no hedonismo de grandes explosões, lutas coreografadas e imagens aventurescas.

Entretanto, cabe a observação de que não existe gênero menor. Entramos no mérito das demandas particulares de cada ser individual, e um filme bom (tema ainda mais delicado) não necessariamente é um filme que atinja grandes camadas de profundidade; o que, inclusive, pode soar como pretensiosismo.

Se o *pathos* do roteirista é entregar à sua audiência um grande filme de ação, em que o objetivo é provocar adrenalina, êxtase e diversão, ele deve agir com os recursos (simbólicos e narrativos) que possibilitem a concretização dessas demandas.

3.1.2 Comédia

Ainda sob as vias de hedonismo, a comédia apresenta ainda mais caminhos para subgêneros. Ela, por si só, é uma arte individual; podemos entender o cinema e o roteiro como sua mediadora, mas não como sua finalidade. Ela busca exercer na audiência o riso e o clima de descontração.

Como estudado no início do segmento, se a arte é uma representação da vida, não necessariamente teremos um catálogo de *sketches* de comédia que proporcionarão o riso contínuo e ininterrupto de quem se propõe a assistir. Encontraremos na comédia, quase sempre, um pano de fundo baseado no cotidiano da vida, cabendo ao roteirista a sensibilidade de filtrar as situações potencialmente engraçadas.

As múltiplas manifestações da comédia fazem dela tanto gênero quanto subgênero. Podemos entender alguns exemplos de humor escatológico, como os filmes de Martin Lawrence, no início dos anos 2000, ou o humor refinado de Billy Wilder em seus grandes clássicos na Era de Ouro de Hollywood.

Importante entender – diante da análise da comédia e do cenário dos gêneros e de suas configurações limitantes enquanto "menores" – que, em paridade com a evolução das discussões sociais no cinema, houve a quebra da ideia do gênero na condição de menosprezo da grande classe de criadores ao longo dos anos.

A Academia de Artes e Ciências Cinematográficas (Oscar), por exemplo, tem buscado contemplar filmes de comédia sem que necessariamente eles estejam em um invólucro de substancialismo. Percebemos que comédias declaradas estão sendo reconhecidas por grandes premiações.

De forma prática e em bom português, comédia boa não precisa ser comédia *cult* ou com a assinatura de Woody Allen. Filmes como *Juno*, de Jason Reitman e escrito por Diablo Cody, e *Doentes de amor*, escrito por Kumail Nanjiani e Emily V. Gordon, foram indicados ao Oscar em 2007 e em 2017, respectivamente.

Judd Apatow e Seth Rogen, conhecidos por direção, roteiro e atuação em comédias pastelão, gozam de prestígio na indústria e o novo filme do nova-iorquino, *The King of Staten Island*, tem sido discutido por críticos como um dos nomes fortes para o Oscar de 2021.

A democratização da comédia como gênero igual a seus pares cinematográficos fez parte de uma revolução silenciosa na indústria que, dia a dia, caminha para noções mais abrangentes de arte.

3.1.3 Drama

O gênero dramático é o que mais abarca subgêneros e fornece uma visão analítica de outros gêneros cinematográficos. Ainda utilizando Judd Apatow como exemplo, seu filme de 2009, *Tá rindo do quê?*, é uma comédia dramática que tem como objetivo a risada diante de um cenário profundamente conflitante. É a história de um comediante que não escreve suas próprias piadas em razão da iminência da morte por um câncer terminal.

A leitura do drama passa ao entendimento do gênero como de maior proximidade com a vida humana, portanto, goza de maior prestígio por sê-lo com mais eficiência, com mais recursos para análise (abordado pela psicanálise mesmo) e abertura para a profundidade. O "drama aborda, portanto, a vivência mais prosaica do sujeito vulgar, mas explorando as suas consequências emocionais mais inusitadas e profundas" (Nogueira, 2010, p. 23).

Ainda conforme Nogueira (2010, p. 23-24),

> Esta atenção ao prosaico tende, por isso, a aproximar o drama de um registro objetivo e analítico, ainda que, frequentemente, crítico, procurando efeitos de realismo, de reflexão e de problematização acerca da sociedade e das suas normas e valores, bem como acerca do lugar do indivíduo, das suas errâncias ou das suas tensões. Esta propensão

> para o realismo não impede, contudo, que as emoções e as suas representações sejam, circunstancialmente, sujeitas a um processo de nítida estilização como sucede no caso paradigmático do melodrama. (Nogueira, 2010, p. 24)

Ao considerarmos o drama como base da história a ser contada, em conjunto é necessário o entendimento de que ele faz parte de um recorte social que, diretamente ou não, faz parte da dialogia entre roteirista e roteiro.

Existe o drama social, o bélico, o psicológico, o romântico, o político, o familiar, e até mesmo a *biopic (filme biográfico)* pode ser categorizada como subgênero de drama, tendo em vista que estamos relatando a vida de um sujeito humano que tem por trajetória a identidade da vida exposta no início de nossos estudos a respeito dos gêneros e temas de roteiro.

3.1.4 Fantasia

O que podemos definir como fantasia no universo cinematográfico? De acordo com Nogueira (2010, p. 27), o "filme fantástico é aquele onde [sic] essa mesma causalidade mais se afasta das premissas realistas e das leis comuns do quotidiano".

Nesse tipo de filme, tem-se um universo de possibilidades fantásticas, na acepção da palavra; no realismo (por exemplo, o neorrealismo Italiano), vemos um mundo cru em que causa e efeito são determinantes nas vidas dos personagens e as consequências de seus atos exercem uma gravidade indigesta.

A fantasia não necessariamente precisa carregar uma inocência desprovida de senso, mas serve como escape imaginativo daqueles que buscam na arte um respiro.

3.2 Subgêneros e sua consolidação como cinema

Ainda que tenhamos abordado os principais gêneros e os mais comuns no processo de consolidação dos demais, alguns alguns deles criaram métodos de comunicação marcantes determinaram novas tendências no cinema e em seus processos de disseminação extra (séries, telenovelas etc.).

Melodrama, *filme noir*, *western* e filmes baseados em histórias em quadrinhos (sim) fazem parte do rol de subgêneros que ganharam tamanha autonomia diante de seus gêneros-matriz que se tornaram principais.

Alguns subgêneros sofrem com o processo de especificação datada, tido que os cenários sociais da época respaldavam sua diegese, como naturalidades que ultrapassavam o ambiente da ficção dramática. Muitos deles estabeleciam padrões de ambientação, linguagem, forma, procedimento e execução demasiadamente específicos e ainda o fazem. Os filmes baseados em histórias em quadrinhos certamente estarão nos livros de gênero cinematográfico futuramente, ainda que enfrentem preconceito dos grandes puristas do cinema como arte inalcançável.

As justificativas para que se entenda esse gênero como menor, como muito aconteceu com os filmes de ação, por exemplo, podem partir da ideia de seu apelo comercial e de que as histórias em quadrinhos servem a um público sem critério crítico.

Figura 3.1 – **Cena de *Thor: Ragnarok*: subgêneros mudaram sua categoria no "novo cinema"**

THOR: Ragnarok. Direção: Taika Waititi. EUA: Walt Disney Studios Motion Pictures, 2017. 130 min.

No entanto, vale a todos os estudiosos do cinema acompanhar todo o processo de transformação que a arte experienciou com a consolidação das adaptações de filmes baseados em quadrinhos. O filme que marcou a introdução desse estilo, *X-Men* (2000), de Bryan Singer, trazia consigo os vícios naturais e redutores que todo subgênero carrega quando está em vias de criação e consolidação. Tratava-se de um filme com a dinâmica dos filmes de ação, que precisavam agradar a parcela aficionada pelos quadrinhos e obter retorno de bilheteria.

Não obstante, seu objeto de maior crítica – o sucesso de bilheteria e o apelo do grande público – foram determinantes para que o subgênero se tornasse gênero por si. Já não existe apenas o filme de super-herói que serve a um gênero delimitado, são os gêneros que servem a ele, trazendo as adaptações de heróis, anti-heróis e vilões como pano de fundo de histórias que resguardam gravidade.

Thor: Ragnarok (2017), de Taika Waititi, é uma comédia nos moldes do humor dinâmico de um grande episódio da série *The Office*. *Coringa* (2019) é um drama psicológico e profundo de um homem frustrado, deprimido e com problemas mentais enraizados à medida que a sociedade o fere. *Novos Mutantes* (2020), em seu *storyline*, é descrito como o horror de uma série de mutantes (pessoas condenadas a corpos e trajetórias amorfas diante de um mundo preconceituosamente movido por suas crenças).

3.3 Importância do *storyboard*

Para entendermos a importância do *storyboard*, precisamos, inicialmente, entender o que ele é. De forma simples e direta, é um conjunto de traços visuais (trabalho em estado inicial) que ilustra o sequenciamento escolhido para a história.

Na prática, conseguimos identificar um *storyboard* pela sequência de imagens em seu estado primal, que transpassa o que acontece no enredo. Comumente, são usadas notas escritas do que é visualizado a partir das imagens desenhadas.

O *storyboard* tem semelhança com as histórias em quadrinhos. Tanto em seu aspecto final quanto em sua estrutura narrativa. Inicialmente, os *storyboards* eram desenhados à mão, mas, conforme a tecnologia foi atingindo patamares de excelência, *softwares* passaram a ser incorporados nessa função. Sua ligação com o roteiro é notável por configurar o intermédio entre a roteirização da ideia (como estudamos nos capítulos anteriores) e sua realização prática. Como já foi apresentado, apesar da fonte de exposição do roteiro ser a palavra, é preciso entender que ela existe para servir a uma arte audiovisual.

Endossamos essa informação para que, em conjunto, entendamos que o *storyboard* passa pelo processo de visualização máximo que o roteirista pode ter antes de entregar sua escrita à equipe de produção da obra. Por exemplo, cabe ao *storyboarder* a comunicação integrativa, em que o roteirista pode aproximar seus desejos e determinar a utilização das câmeras mais adequadas para as cenas que visualiza, para que sejam filmadas em plano X, ou mesmo o posicionamento estrutural-físico dos elementos que serão utilizados em tela.

O segmento de filmes que utiliza essencialmente o *storyboard* para transferir suas ideias de forma eficaz é o de animação. Os anos 1930 para a indústria do entretenimento foram marcados por Walt Disney, que iniciou seu processo de *storyboard* ao criar esboços do Mickey Mouse. Sua funcionalidade passou a ser aprimorada ao ponto de ser tornar um processo tão funcional quanto fundamental. Considerando as grandes demandas que perpetuam todos os nichos de mercado (de entretenimento e *marketing*), tempo passou a ser raro e necessário.

Para o mercado, tempo tornou-se dinheiro. Para o mundo corporativo, um método que agrega a ideia de suprir uma carência comunicacional e poupar tempo se tornou atrativa o suficiente para ser apenas uma opção no desenvolvimento de peças audiovisuais.

Outro ponto que nos ajuda a entender essa necessidade são as problemáticas que atingem todas as camadas sociais e soam invisíveis diante da outra porção grave de problemas sociais: as pessoas têm profunda dificuldade em se comunicar.

A dificuldade de comunicação – e aqui não entro no mérito da utilização de uma linguagem baseada na norma culta – restringiu uma área sensível e que pede desenvolvimento e exercício diário. A escrita e a fala são elementos difíceis em sua organização.

Produzir um bom texto, ainda que ele não goze do mesmo prestígio que, por exemplo, um quadro de realismo impecável, é tão difícil quanto. Temos ferramentas (palavras) e métodos de funcionamento (apenas um deles gera livros e mais livros), mas sua captação e exposição denotam uma dificuldade sentida e agravada ao longo dos anos.

Perpassando tal análise, o *storyboard* e o sequenciamento de ilustrações se tornam um recurso fundamental e de potência criativa incomensurável diante da servidão ao objeto final que os movem (o projeto audiovisual).

Nos casos das animações (desde projetos cinematográficos a séries animadas e comerciais que utilizam tal recurso), o *storyboard* é mais eficaz que o roteiro quando tratamos da importância do resultado. Os quadros desenhados são revelados e viram o primeiro contato do mundo – ainda que este seja o mundo cinematográfico (de produção) – com a obra que se dispôs no campo imaginativo do autor.

E, quando falamos de animação, entramos em um campo no qual o visual pode substituir o verbal. A animação é a ilustração gráfica em movimentos, seu produto perpassa a movimentação do que estava estático, logo, o *storyboard* norteia o produtor da animação em relação ao que precisa saber para que seus personagens e cenários ganhem vida diante na história.

3.4 Vantagens do *storyboard*

Como vimos anteriormente, comunicar-se verbalmente é uma dificuldade mais comum do que pensamos. A linguagem – em seus aspectos práticos – tem seguido caminhos cada vez mais funcionais e pouco exploratórios.

Segundo o Indicador Nacional de Analfabetismo Funcional – Inaf (2018), cerca de 30% dos brasileiros entre 15 e 64 anos são analfabetos funcionais. A pesquisa leva em conta não apenas as classes consideradas socialmente vulneráveis; muitos dos que representam esse número estão em universidades públicas e particulares (Lima; Catelli Jr., 2018). Desse modo, cabe aos contadores de histórias se munirem de possibilidades diante de sua inquietude do clarão de ideias que surgem e urgem para serem postas para fora de maneira que seu processo seja tão claro tanto externa quanto internamente.

Algumas vantagens explícitas do *storyboard* como método de roteiro são os campos que atinge diante da comunicabilidade humana: sua trajetória consegue apreender a narrativa do roteiro, afinal, sua exposição propõe a via básica de contar uma história; é sequencial, portanto, delimita um padrão de clareza para quem se propõe a estudá-lo e/ou colocá-lo em prática, já que é visual.

As questões mercadológicas também são visadas quando existe a encomenda ou a prospecção da criação do *storyboard*. O *e-commerce* e as novas formas de mercado (ainda mais diante do "novo normal" devido ao momento pandêmico) se intensificaram nos últimos meses e anos, exigindo dos que prestam serviço planejamento.

De acordo com Souto (2019), "A Wyzowl, uma produtora de animações explicativas, [...] descobriu que 72% dos consumidores preferem assistir a um vídeo para saber sobre um produto ou serviço do que consumir outros tipos de conteúdo". Se levarmos em consideração que nosso objetivo é o aspecto mercadológico do roteiro (quem produz um *storyboard* não necessariamente tem pretensões artísticas com ele), ou mesmo de um produto, o *storyboard* serve como uma apresentação dele para quem está interessado.

Apresentações são aspectos inerentes ao empreendedorismo, e o *storyboard* tem a utilidade de conferir credibilidade visual ao projeto que será lançado. Da mesma maneira que devemos olhar com os olhos da audiência quando pensamos em um projeto audiovisual, o projeto mercadológico ao qual visa o *storyboard* deve ter o intuito de seguir a chamada *jornada do consumidor*, que dividiremos em três tópicos para facilitar a compreensão.

3.4.1 Atenção

Uma das suas utilidades consiste em chamar a atenção inicial do consumidor para que o tende a ser apresentado. O *storyboarder* deve entender que sua composição deve estar diretamente relacionada ao que ele gostaria (como consumidor) que lhe despertasse interesse.

Nesse momento, sua sensibilidade deve estar voltada ao sintoma mercadológico e imaginar o que – diante da sociedade capitalista e de consumo –, com o nicho específico que se tem, pode ser abordado em sua obra para que a atenção seja despertada.

Naturalmente ao identificar a problemática da atenção, visando um despertar do cliente enquanto potencial consumidor, a solução precisa ser colocada de forma prática, falando (e exaltando) todos os pontos que este terá resolvido ao consumir determinado produto.

3.4.2 Interesse

De forma natural, é importante que o *storyboarder* esteja atento para destacar as vantagens do seu produto. Ainda que estejamos lidando com o "mundo corporativo", é preciso entender que trabalhamos, igualmente, com o viés criativo das vendas, logo, o contratante busca que seu produto (e o produto de quem oferece o *storyboard*) se destaque pela criatividade e pela fuga do excesso de informações diretamente ligadas ao capital.

Podemos utilizar o exemplo de uma barra de chocolate. Digamos que existe o interesse do representante da marca de que seja feita uma animação de 30 segundos para o seu novo chocolate. Seu produto tem apelo jovem e, principalmente, infantil. Logo, idealiza uma animação e passa seu projeto para o publicitário.

Se a equipe contar com um editor de vídeo que tenha habilidade com *storyboard*, antes da execução do projeto será natural que ele encomende um para que o criativo da agência demonstre sua ideia relacionada ao comercial de 30 segundos do novo segmento de chocolates.

Nesse momento, o *storyboarder* precisa utilizar da sua criatividade para unir tanto seu ideal imaginativo (ele pode criar um personagem-barra de chocolate e fazer "As aventuras da barra de chocolate X") e exercitar suas ideias de venda – pensando no público infantojuvenil – para que carreguem, paralelamente, resultado em suas vendas e – antes mesmo – desperte o interesse do público, valorizando a marca e gerando um ciclo importante de satisfação mútua entre cliente, contratante e público-alvo.

3.4.3 Desejo

Ao tratar do desejo do consumidor, o *storyboarder* deve justificar e trabalhar de forma real as razões da compra. Ser sincero (principalmente em momentos como esse) ajuda muito no retorno real do cliente.

A mercadologia das artes, ainda que soe como elemento corruptor da suposta alma imaculada do artista, na verdade o exercita para que esteja preparado para encarar as demandas do mercado, mesmo que sua escolha seja de entrega profunda às artes e às suas especificações mais metafísicas.

Quando produzimos algo, a não ser que o escondamos de todos, guardemos em um diário e tranquemos até o restante dos dias, objetivamos o compartilhamento, a leitura, a visualização e/ou a contemplação dele pelos nossos pares.

Entendendo tal premissa, o *storyboard* é um elemento importante e que começa a criar mais especificações do que mera "subserviência" ao roteiro. Uma demanda coletiva, ainda que exista a condição do lucro do compartilhador, pode atingir individualmente tanto ou mais que uma obra individualizada e criada para que seja meramente artística (e que sabemos que não existe diante do cenário socioeconômico vivido).

3.5 Storyboard e roteiro

O *storyboard* oferece um leque de opções maior que o roteiro. A compreensão humana/social de que estamos lidando com um público diferente, com novas exigências, pressupõe que, em algum momento, o *storyboard* pode vir a substituir totalmente o roteiro.

Figura 3.2 – **Aplicação de *storyboard***

smolaw/Shutterstock

Sabemos que assim como o roteiro o *storyboard* não presta apenas um serviço devotamente artístico, pois é possível criar um roteiro de viagem, de reunião de negócios, enfim, serve para serviços mais "nobres" ou não. De toda forma, quando tratamos da animação em si, percebemos que *storyboard* e roteiro se retroalimentam.

Ao ilustrarmos ou compormos (conforme vimos), estamos despertando dentro de nosso âmago artístico o trabalho mais determinante do animador: a vivificação. Como a etimologia da palavra nos informa (ainda que de forma óbvia), estamos animando um serviço estático, embora ele ainda guarde vida diante das linhas estáticas de uma folha em branco. Tanto o roteiro em seu formato artístico quanto o *storyboard* são fusões e abastecimento inerente a um desejo que move o autor-animador-cineasta-roteirista-*storyboarder* a um propósito comum: tornar sua trajetória de criação tão ou mais especial que seu produto.

3.6 Exemplos de aplicação

É importante que o criativo que esteja disposto a produzir um *storyboard* esteja ciente de seus limites e amplitudes diante do que deseja expressar. Um *storyboard* comercial certamente não abarcará as mesmas necessidades que um filme de animação. Não estamos criando efeitos comparativos de melhor ou pior nem mesmo indicando qual rumo você deve tomar ao escolher seu encaminhamento na condição de *storyboarder*, mas é necessário entender o cenário no qual se propõe criar.

Figura 3.3 – **Template** de *storyboard*

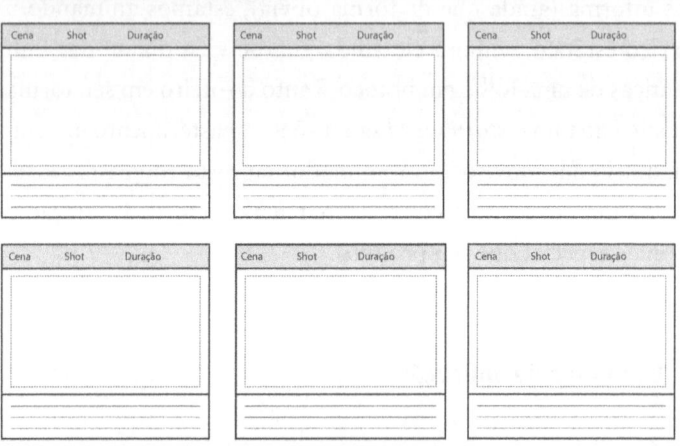

Diante dele e a partir da decisão feita, existem alguns passos que podem guiar o criativo. Entre eles, visualizar o rumo que sua obra tomará. Tal qual a escrita do roteiro, é importante que exista uma concepção de ideias que norteiem o *storyboarder* em sua empreitada.

Como estamos lidando com um projeto antes de tudo gráfico e visual, existem alguns métodos que fazem parte da caminhada criativa – principalmente catalogar ponto por ponto onde se quer chegar – e podem ser muito úteis.

Post-its que informam o que cada quadro aborda podem rememorar o que a mente precisa para que as acepções visuais sejam afloradas e externadas pelos quadros.

Os quadros são pontos importantes em sua individualidade, mas eles precisam servir ao todo. Da mesma forma que uma cena não pode estar desconectada de outra quando estamos escrevendo um roteiro para um filme (ou qualquer peça audiovisual), os quadros precisam conversar entre si de forma fluida e coerente. É importante que eles respeitem uma organização, pois, ainda que seja um charme artístico, a desorganização não ajuda nem quando esse é o objetivo final. Lembre-se sempre: é um ato de comunicação. Até para que exista uma tendência caótica, baseada em experimentalismo visual e/ou narrativo, é preciso de clareza ao comunicar essa vontade, senão entrará no rol de produções confusas e descartáveis.

Na aplicação prática do *storyboard*, é necessário, em algum momento, principalmente em obras de maior durabilidade cronológica, a criação de subníveis. Esses subníveis são úteis para a adição de ações menores ao longo do *storyboard*. São aprofundamentos inerentes a qualquer processo narrativo e úteis para que o autor não se perca no processo.

Ao formar uma equipe de produção (e é recomendado que a criação de um *storyboard* seja fortificada por um grupo), é indicado criar análises críticas que tragam à tona problemas e furos entre um quadro e outro.

Ser crítico da própria obra não significa violentar seu processo criativo e buscar uma produção tecnicista com um nível de perfeição inalcançável, mas em entender que sua obra precisa de conectividade e fluidez dentro das imperfeições que sempre existirão em qualquer produção.

Ao aplicar os elementos primordiais à composição de um roteiro, tenha o esmero técnico e substancial sim, mas não deixe que angústias de inferioridade interfiram na fluidez do projeto, pois isso não é saudável nem eficaz. Precisamos criar um ideal de, antes de pintarmos a casa, repararmos que determinada parede não foi lixada corretamente, ela precisa ter base bem-feita e vigas que sustentem toda sua estrutura, senão de nada adianta que questões decorativas sejam incorporadas a ela.

Storyboards são elementos valiosos por essas e demais causas, por serem uma fragmentação visual que muitas vezes o roteiro carece de oferecer ao autor. Quando nos concentramos em um quadro específico, estamos diante das ramificações dos problemas que suas conectividades e transições também oferecem.

Assim, a análise perspicaz dos quadros são indicativos de que o *storyboard* segue por caminhos de fluidez e funcionalidade suficientes para que outras demandas sejam contempladas em suas ideias. O roteiro nos oferece a exposição escrita, e o *storyboard* é o processo de curadoria das imagens. Temos um roteiro imagético que nos permite o privilégio da visualização daquilo que, outrora, se resumia à linguagem verbal.

Aconselha-se ao *storyboarder*, diante da possibilidade de executar a imagem antes de seu definitivo desenvolvimento, a interferência que não compete ao roteirista quando entrega sua obra para a equipe de produção.

Um roteiro bem aplicado ao universo narrativo fornece ao *storyboard* a oportunidade (ainda que mínima e não totalmente resguardada, afinal, a equipe de direção que se responsabiliza pelo corte final) de ser referência e fonte de convencimento de que determinada cena fica melhor se utilizada em determinado plano, por exemplo.

A partir do *storyboard* podemos desenhar uma cena filmada em plano aberto ou com *zoom* em uma expressão específica do personagem. Talvez não por discordância criativa, mas o diretor não haveria de aplicar tais determinações porque em seu universo inerente e particular não tinha a mesma visualização do roteirista-*storyboarder* de determinada cena.

Ainda que esse não seja aplicado em seu corte final, considerando o interesse crescente da audiência nos processos de criação dos filmes e a busca pelos roteiros e *storyboards* (o *Snydercut* é um exemplo – revolucionário – disso) dos filmes, principalmente, os que desagradam, garantem uma salvaguarda criativa do público ao criador que, muitas vezes, perde sua voz ao entregar sua história.

smolaw/Shutterstock

CAPÍTULO 4

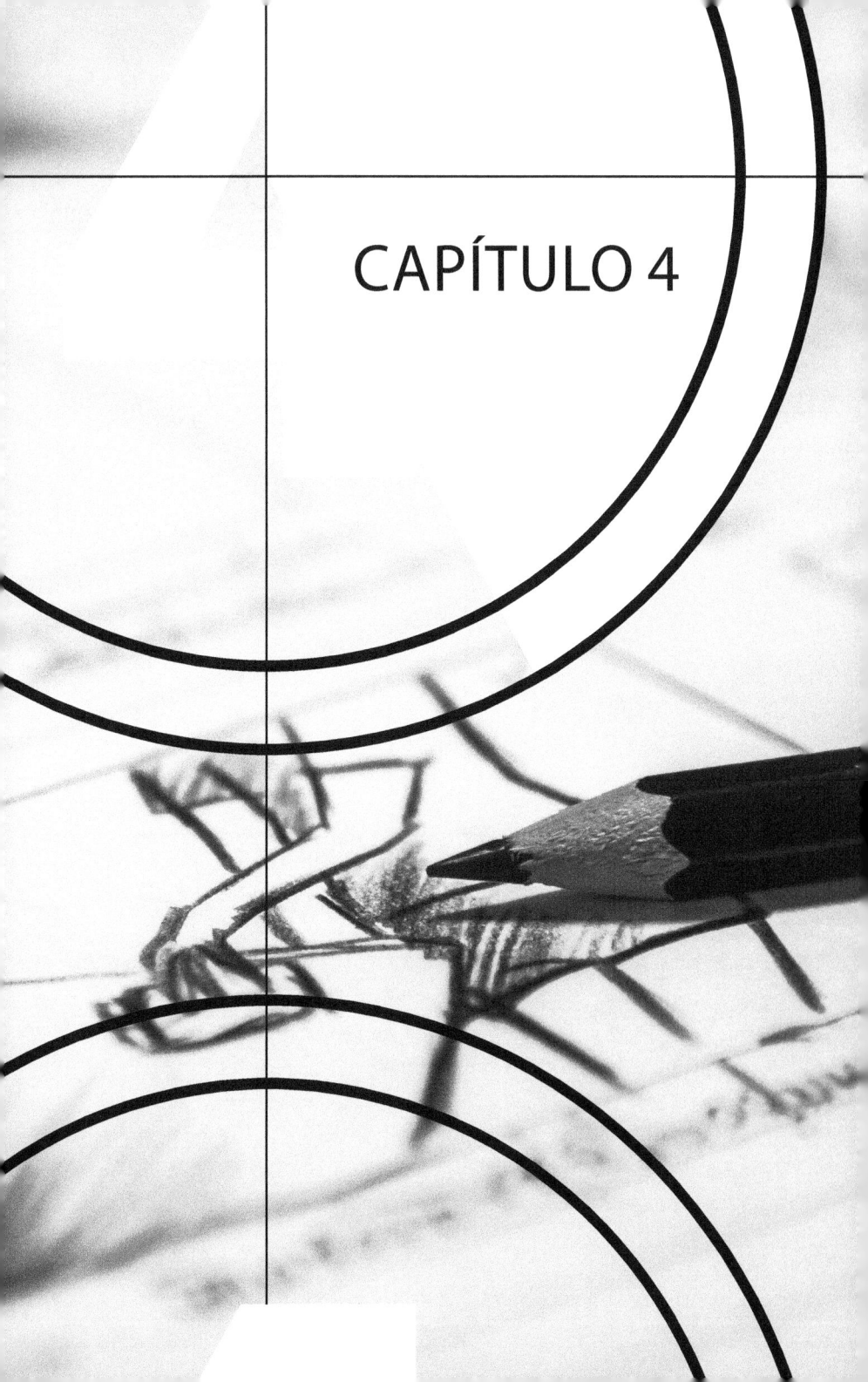

DIFERENTES TIPOS DE *STORYBOARD*

No Capítulo 3, apresentamos a etimologia, a essência e a utilidade do *storyboard* para as áreas que abrange. Traçamos também um panorama da importância de um roteiro visual que auxilie o autor da obra a dispor suas ideias e exortar aqueles que terão contato futuro com elas.

O *storyboard* auxilia o roteiro, mas não só. Suas características de grande potência narrativa o tornam um dos recursos de grande crescimento em apresentação de projetos, tanto de viés comercial quanto artístico.

> Assim como trovadores e menestréis medievais, o artista de storyboard é um contador de histórias. Naturalmente, o domínio de desenho e pintura é desejável, porém a capacidade de ilustrar a narrativa de uma forma que prenda a atenção do espectador é de maior importância. (Gomes, 2016, p. 44)

Entendendo esse cenário, a plataforma que abarcava o *storyboard* e suas extensões passou por um processo de consolidação de seus pontos iniciais, como padronizações, principalmente porque atingia uma metalinguagem, ou seja, comunicava-se com seu próprio nicho.

Da mesma forma que uma comunicação artística expressa uma série de categorias que funcionam para a bolha, um catálogo de trabalhos comerciais demanda outro tipo de estruturação, apresentação e linguagem, logo, tornou-se natural o processo de padronização de modelos de *storyboard*.

Diante da necessidade de que cada padrão correspondesse a uma linguagem ativa e de forma eficaz a seu enquadramento, métodos foram formatados e aperfeiçoados para que seus detalhamentos pudessem potencializar as vantagens promovidas pelo uso do *storyboard* em diversos projetos.

4.1 Modelo básico

Vamos repassar a disposição do *storyboard* em relação a seus elementos. Temos uma sequência de imagens, conduzidas por uma ordem linear, que, progressivamente, nos apresentam uma história.

Para elaboração de projetos em que a formatação deve primar pela simplicidade e a abertura do que será exposto diante dos quadros, o modelo básico é formado por caixas e células de titulação. Se for identificada a necessidade de células que servem como espaço para descrição, o *storyboarder* deve utilizá-las conforme identificar utilidade para sua história e para a fluidez da forma como contá-la.

Segundo Hart (2008), além de todos os equivalentes visuais que o diretor de arte (ou profissional que esteja produzindo o *storyboard*) precisa atingir, existe a demanda dos contratantes (empresas ou produtoras de filmes).

> Um dos maiores desafios que o artista de storyboard enfrenta são as demandas dos vários membros da equipe de pré-produção. Tentando satisfazer o visual e as narrativas requeridos em relação ao roteiro, interpretados pelo produtor, diretor, diretor de fotografia, diretor de arte, designer de produção, cenógrafo e a equipe do SFX é uma tarefa notável. (Hart, 2008, p. 21, tradução nossa)

Mas não apenas de objetivos artísticos sobrevive o *storyboard*. A seguir, entenderemos outras aplicabilidades.

4.1.2 Modelos para educadores

A docência, ao longo dos anos, precisou incorporar novos métodos de apreensão e transmissão de conteúdo. A velha prática hierárquica foi desmistificada por Paulo Freire, pois, como método, não contemplava em totalidade as necessidades dos alunos.

Precisamos entender, *a priori*, que estamos diante de uma geração imagética. A geração *millennial* nasceu imersa em um mundo movido pelos dutos dos computadores e celulares, os quais eram banidos de sala de aula no início dos anos 2000 e ainda sofriam resistência dos professores em relação à sua utilização.

Não é incomum o professor ter resistência à incorporação tecnológica, principalmente das redes sociais, na educação; no entanto, capacitação, entendimento do cenário e utilização precisa dos métodos podem ser profundamente eficazes.

Podemos entender o *storyboard* como método docente se ele for utilizado de modo a maximizar o potencial do discente em seu aprendizado por meio de estímulos visuais.

O docente não pode fugir dos dados que indicam que o analfabetismo funcional e a falta de afinidade com a linguagem verbal são cada vez mais crescentes. Tendo isso em vista, antes de resistir ou imaginar um quadro punitivo aos alunos, é importante que exista a adaptação do professor aos novos tempos e às novas necessidades.

A sociedade e seus signos se transformam, mudam, evoluem, e também regridem, e brigar com a história não é um papel que cabe a quem faz parte dela, mas sim entendê-la, identificar a matriz do problema e aplicar soluções práticas com os recursos oferecidos.

Nesse contexto, podemos identificar o *storyboard* como um método visual de ensino que auxilia e facilita o dia a dia dos professores.

Alguns *softwares* distribuídos na internet fornecem *templates* aos professores, que podem preenchê-los conforme a necessidade de sua aula e/ou atividade. Modelos verticais com quatro colunas costumam ser recomendados a fim de disponibilizar espaço físico suficiente para que tanto aluno quanto professor possam discorrer nas atividades propostas.

4.1.3 Modelo para trabalho

As utilizações de métodos que sejam intertextuais ultrapassaram o limite das salas de aulas e passaram a abranger também o mundo corporativo. Não é necessário um estudo profundo para percebermos que a utilização de recursos visuais chega a ser um clichê em apresentações comerciais, tanto na publicidade quanto na apresentação interna.

É interessante pontuar que o *storyboard* pode ter utilidade tanto nas funções externas quanto nas suas funções internas de uma empresa. O *site StoryboardThat.com* (2020) explica, em uma de suas apresentações de leiaute, que seus modelos têm utilidade, por exemplo, na exposição de conteúdo de vendas para clientes.

Uma empresa com infraestrutura disponível e material humano capacitado pode utilizar o *storyboard* como plataforma de organização interna de seus trabalhos. As células, quadros e linhas podem determinar uma disposição para que exista o encaixe de fluxogramas e de mapas mentais, por exemplo.

O estímulo visual, principalmente em trabalhos em que o comercial e o criativo andam em conjunto, pode ser de extrema utilidade para seu desenvolvimento. Em agências de publicidade, agendas eletrônicas e até mesmo aplicativos e *sites* que fornecem espaço para organização utilizam a estrutura do *storyboard* para oferecer espaço para seus clientes.

Podemos entender o *storyboard* e seus signos (símbolos) como definidores pontuais de mudança ativa nos detalhes organizacionais, inclusive do mundo corporativo. Considerando os avanços e a abertura do mundo empreendedor, é notável a utilização de grandes nomes do nicho (diretores de arte) do *storyboard* como elementos auxiliadores nas apresentações de suas ideias tanto para o público interno quanto para ambientes maiores.

Considerando esse contexto, tornou-se natural que a utilização do *storyboard* siga a evolução do mundo corporativo, inclusive no *marketing* digital. Novos modelos estão sendo empregados pelos grandes conglomerados como forma de inovação diante dos desafios que surgiram devido ao cenário pandêmico da atualidade.

Se a linguagem não verbal já se apresentava como um caminho pertinente para o futuro do *marketing* digital e das empresas de comunicação (e podemos catalogar as demais empresas, em conjunto), é possível esperar esperar um fortalecimento das fórmulas que exaltam o vídeo e o imagético, ainda mais no atual cenário pandêmico que instaurou um "novo normal".

Seguindo essa linha de prospecção, o *marketing* de vídeo tem sido uma saída encontrada pelo mundo corporativo e publicitário para a resolução de problemas advindos da pandemia de Covid-19; tanto pela necessidade do público, que precisou se acostumar a uma nova rotina, quanto pelo crescimento orgânico da utilização da linguagem visual como método de comunicação.

Tendo esse cenário em vista, o *storyboard* é um recurso eficaz de planejamento que abarca uma nova demanda consolidada pelos clientes. *Prospecção*, palavra muito adotada no meio empreendedor, passou a ser uma constante na apresentação de projetos.

No entanto, a execução desse tipo de projeto pode não ser tão simples quanto parece. Vivemos em uma cadeia global produtiva em que socialmente encaramos um novo público de comunicação e consumo de informações, portanto, produtores de conteúdo, das mais diversas formações (ou que não tenham nenhuma) surgem e se consolidam como *influencers*.

Ademais, o papel do influenciador digital é muito importante e cabe no universo do *marketing*, trabalhando em um processo de retroalimentação. É preciso entender, principalmente o *storyboarder* que visa à profissionalização de sua publicidade, que seu trabalho não pode ser substituído por uma produção de conteúdo sem planejamento.

A linguagem publicitária se atualiza ao longo dos anos e vemos a quebra de alguns estigmas e paradigmas na forma de se comunicar, fazendo com que o amador se torne mais próximo do público e seja concebido como resultado final, mas é importante que o autor de *storyboard*, o publicitário e toda equipe que faz parte do processo compreenda que mesmo o trabalho de concepção mais livre precisa de um bom planejamento em seus bastidores.

E o *storyboard* tem função primordial nesse processo de construção de um grande projeto de *marketing*. Nesse quesito, a plataforma permite que a apresentação da ideia seja a mais orgânica possível, fornecendo ao criador de conteúdo a liberdade de apresentar sua ideia de maneira fluida e livre, porém planejada.

Ainda que seja um *storyboard* manual ou digital (os quais estudaremos neste capítulo), a facilidade e as benesses de criar a partir de quadros em sequência, inclusive por seu baixo custo, caracterizam uma forma menos burocrática de formatação e de consolidação de um projeto.

Ainda no quesito da prospecção e da demanda crescente de clientes que buscam um número grande de possibilidades para a apresentação de ideias, o *storyboard* auxilia diretamente em tal objetivo e, consequentemente, respalda tanto o profissional que apresenta o conteúdo quanto seu contratante.

> *Brand reinforcer*: antes do aprofundamento nas questões, você precisa saber que os casos expostos dialogam diretamente com a publicidade e o *marketing*. No entanto, por toda plataforma exigir um séquito de vendas, por fazer parte de uma engrenagem laboral muito maior, os determinados segmentos também se aplicam em *storyboards* que visam às demandas artísticas.

Seguindo, o *Brand reinforcer* pode ser definido como um reforçador da marca e de todos os seus meandros de apresentação. Em sua aplicabilidade, a massa consumidora cada vez mais carece de tempo para optar por determinado produto que venha a comprar, logo, faz parte da estratégia publicitária existir uma ação em que o produto seja associado à sua marca.

A disposição dos elementos que compõem o vídeo pode seguir a ideia de que a marca do produto, ao ser colocada no *storyboard*, deve seguir um padrão de fixação nas células de apresentação, logo, o diretor ou a equipe de reprodução do vídeo estará ciente de suas intenções quanto à ideia de reforçar sua marca.

Sobre o pensamento do cliente, José Régio (1955, p. 109), em sua icônica poesia interpretada por Maria Bethânia, "Cântico Negro", bem ou mal, reforçava uma ideia que acompanha gerações, inclusive de consumidores:

> Vem por aqui — dizem-me alguns com os olhos doces
> Estendendo-me os braços, e seguros
> De que seria bom que eu os ouvisse
> Quando me dizem: "vem por aqui!"
> Eu olho-os com olhos lassos,
> (Há, nos olhos meus, ironias e cansaços)
> E cruzo os braços,
> E nunca vou por ali...

Aqui percebemos um estudo psicológico, imerso no universo poético, da personalização humana. É fundamental para qualquer estudo – artístico ou comercial – que se entenda a natureza humana e que exista uma contemplação real das necessidades sociais.

As pessoas precisam de coisas, produtos e serviços, muitos deles nem mesmo sociais, por serem demandas criadas, mas elas não podem ser expostas sob invólucro de obrigatoriedade, senão a ideia de convencimento quanto à importância ou mesmo à necessidade do produto pode ser descartada pelo público-alvo.

Entra aqui a ideia narrativa do *storyboard* como elemento e plataforma em seu estágio inicial mais puro: contar uma história. Mesmo diante dos mais altos níveis de necessidade de venda, as grandes marcas não utilizam mais a clássica estratégia do "Compre Batom", a não ser que ela esteja sob um envolto satírico ou mesmo de psicologia reversa.

No entanto, nos habituamos (e esse hábito passa pelo estudo das grandes marcas e de empresas de publicidade) a ver, principalmente em datas comemorativas de apelo conservador cristão, histórias que finalizam com o alguém presenteando com o produto da determinada marca. Vamos exemplificar a partir de um *storyline*.

> Um pai sobrecarregado de trabalho decide fazer uma surpresa para a filha desapontada por imaginar que o Natal deste ano vai ser a repetição de sua ausência.

O *storyline* revelado aqui endossa a importância da comunicação ativa entre roteiro e *storyboard*; ainda que suas plataformas de fixação finais sejam diferentes, ambos devem passar pela ideia de contar uma história e ter passos que direcionam a organização do criador do produto em prol disso.

É importante entender que aqui a empresa está trabalhando com valores humanos, temas comuns à sociedade, e sua ideia inicial não é apresentar o produto ou escancarar aos seus consumidores que X produto vai salvar o Natal de uma criança.

A estratégia da peça publicitária é justamente quebrar essa dicotomia venda *versus* humanidade. Veremos um pai que atua com base em seu defeito, já visando à surpresa final para sua filha traumatizada e, na medida em que temos a resolução, em que ambos se abraçam e, certamente, anos de ausência são compensados com a espetacularização do retorno, ele entrega o produto X para selar aquele momento como uma lembrança.

O estudo psicológico e social é parte fundamental do lançamento de campanhas de *marketing*, e o *storyboard* tem mais do que serventia em todo seu processo de produção, pois o *storyboarder* terá a oportunidade de apresentar a seu contratante como ele pretende dispor a ideia ou mesmo apresentar novos cenários que comovam o público.

A ideia é de que estamos lindando com pessoas mais experientes em relação ao trâmite natural que existe entre cliente e produto. A cadeia produtiva, tal qual a comunicação, perdeu seu processo hierárquico e cabe ao bom profissional a adaptação aos novos tempos.

- *Storyboard* demonstrativo: ainda diante do segmento da apresentação empresarial, o *demo* atua como complemento dos espaços do *storyboard* que segue a linha de apresentação, por exemplo, de um aplicativo. Fazer um *storyboard demo* torna a transmissão da informação mais atrativa e didática para o cliente que tem em suas mãos um novo produto e/ou serviço.
- **Opinião do cliente:** o *storyboard* pode ser um espaço para o cliente tanto quanto é para a empresa. Em seu planejamento de vídeo de *marketing*, o autor do *storyboard* deve trabalhar sua narrativa para que as determinações e o chamado *feedback* do cliente soem mais naturalmente possível.

Durante seu planejamento e exposição da história, que devem perpetuar a satisfação "espontânea" do cliente, o *storyboarder* deve prestar atenção a todos os pontos suplementares que movem a crença do público diante da apresentação proposta.

4.2 *Storyboard* de tela

O *storyboard de tela* caracteriza-se pela composição direcionada ao audiovisual. A tela pode ser subdivida em razão de suas dimensões, e o *storyboard* age de formas específicas de acordo com seu encaixe.

Aqui temos um modelo físico horizontal que prima pela idealização da plataforma como elemento mais próximo do campo de visão que temos. Ele tem como numeração de dimensão o formato 16×9, que segue os estudos a seguir.

4.2.1 Formato 16×9

Uma boa forma para apresentar o formato 16×9 é identificando que essas dimensões formam a projeção da câmera *widescreen* padrão. Dessa forma, o leiaute para o 16×9 segue o modelo básico estudado no segmento anterior.

Em decorrência de sua amplitude horizontal, é recomendado em projetos audiovisuais por categorizar espaço físico que permite o acréscimo de detalhes que não cabem em *storyboards* com formato equivalente a 1000×1000, que, em caráter de exemplificação, são as dimensões proporcionais das imagens que o Instagram permite.

Figura 4.1 - **Formato *widescreen***

Happy_Nati/Shutterstock

O *storyboard* de tela, portanto, já é uma simulação de como os signos estarão distribuídos na tela. Esse modelo *widescreen* é o ideal para o autor que tende a seguir suas vias artísticas e voltar sua atividade para a filmografia ou para a produção de animações.

O ganho em horizontalidade é significativo e exercita a potência criativa daquele que produzirá o *storyboard*. Entendamos que a delimitação de uma forma geométrica quadrada reduz espaços e violenta a naturalidade da apreensão visual.

O 16×9 é a simulação mais aproximada de nosso campo de visão. Para exemplificar, quando estamos diante de um plano aberto, temos a consciência visual e intuitiva de todos os elementos que circundam e compõem o cenário. Se for um cenário natural (no sentido fauna e flora), a vegetação que cobre ganha profundidade na medida em que miramos no sentido horizontal.

Assim, objetivando um filme *live-action* ou animado, para que a entrega pretendida seja a mais próxima do que entendemos como realidade, o modelo a ser utilizado deve ser o 16×9 *widescreen*, em que as potências visuais possam perpetuar a tela enquanto a audiência estiver em contato com ela.

De forma prática, quanto mais espaço o *storyboarder* obtiver, mais recursos ele poderá acrescentar para contar sua história, denotando mais ações e mais direcionamentos.

4.2.2 A quebra 16×9

Como estudamos, o *storyboard* tem, por definição, a continuidade de seus elementos. As células são delimitantes quanto às funções em determinados corpos e podemos chamá-las, no caso específico do *storyboard*, de *quadros que compõem a cena*, sendo intercaladas com os demais quadros.

Ao condensarmos a célula como única, como um grande corpo sem delimitações, entramos em outro universo que dispõe regras de segmentação diferentes.

Apesar da controvérsia, inclusive em relação à sua definição, quando expomos como o *storyboard* pode ser montado, existe a possibilidade de que o autor discorra toda sua estratégia e/ou história em uma única célula.

Alguns signos visuais, como tracejados, setas e quebras de elementos visuais podem ocupar o lugar de linhas que definem quadros, logo, a utilização do modelo que se assemelha a um painel é um recurso criativo para *storyboard* de tela, acompanhando também sua etimologia no sentido mais cru.

Não obstante, o autor precisa ficar atento às marcações para que o elemento que beneficia sua organização não se torne um elemento complicador do planejamento do projeto.

Apesar de não haver restrições diante de como o *storyboarder* deve (e para qual finalidade) usar seu produto final, podemos entendê-lo como mais comum ao cinema, tanto por suas proporções quanto por conversar mais intimamente com a linguagem cinematográfica.

Um recurso dentro da plataforma que pode resguardar o autor da desorganização e da má utilização é o uso da **caixa de título** e da descrição junto à célula, delimitando bem as funções e os encaminhamentos, mesmo em uma abordagem visualmente mais livre. Exemplifiquemos, pontuando como cada uma dessas funções age de forma prática.

Caixa de título

Como o próprio nome conduz, ela serve para rotulação da cena e de instruções precisas e específicas.

CENA UM – EXTERNA – CONTRAPLONGÉE

Aqui temos uma caixa de título simples, mas que delimita algumas funções e norteia o diretor e/ou o realizador do projeto audiovisual. Em especificação, ele está diante da primeira cena, que será conduzida em cenário externo e o plano será em contra-*plongée* (plano utilizado para representar poderio – a câmera filma o personagem de baixo para cima).

Célula-quadro

O comparativo mais evidente é com o corpo humano. Só existe um corpo porque existe uma disposição de células e órgãos. É um processo natural e indissociável.

Logo, a célula é a substância física viva que forma todo o corpo, então podemos equiparar sua função tal qual com a do o quadro no *storyboard*. Sem quadro, não existe *storyboard*; será painel ou roteiro.

INSERIR IMAGEM

O conjunto contínuo desse exemplo representa a sucessão definitiva que deve haver para que exista uma história sendo contada e, consequentemente, um *storyboard*.

Caixa de descrição

A caixa de descrição tem como principal fundamento a exortação do que a equipe de produção deve seguir. Aqui existe um espaço ativo para que a continuidade das cenas seja feita a partir da melhor delimitação possível.

AÇÃO: Pai caminha pela casa, ele está disperso, sua ação causa temor na filha que se preocupa com a repetição de mais um Natal sem a presença dele.

ÁUDIO: Som de conversas ao telefone (simbolizando o comportamento do pai em datas comemorativas)

CÂMERA: *CLOSE-UP* na filha. Pai ao fundo em segundo plano. Plano aberto.

Como vimos de forma prática, a caixa de descrição é o espaço determinado para que o *storyboarder* conduza suas intenções narrativas, ainda que o tratamento final (o desenvolvimento de sua peça) não esteja sob sua direção.

É preciso que suas instruções para o contratante e/ou o diretor sejam claras e não estejam confusas. É imprescindível que o *storyboard* seja marcado pela clareza na linguagem, tanto nas instruções verbais quanto nas demarcações visuais, criando um enredo de desmistificação diante da história que ele pretende contar. Suas demarcações, como as estudadas no quadro anterior, são indispensáveis ao profissional que pretende executar seu projeto.

Portanto, a escolha do leiaute para a confecção do *storyboard* deve ser pensada como parte importante do processo, para que não seja um impeditivo na hora de dispor as informações à equipe de filmagem.

4.3 *Storyboard* digital

Antes de afunilarmos o tema para as especificidades do que vem a ser o *storyboard* digital, é preciso que tracemos um paralelo com a revolução tecnológica desenvolvida ao longo dos anos.

Em todos os sentidos laborais, percebemos que atividades que se destacavam por sua criação e execução braçal ganharem auxílio da tecnologia ou mesmo serem substituídas por ela.

O purismo de não aceitar que algumas atividades precisam ser feitas da forma como foram concebidas pode gerar resistência inicial daqueles que executam a função ou mesmo um desprestígio, como se a tecnologia estivesse tomando o lugar da sensibilidade humana, mas percebemos que não é assim.

Por mais embrionário e prático que seja um projeto, o cinema e a animação passam por revoluções tecnológicas para sua criação e execução. Mesmo Meliès, considerado pai e revolucionário do cinema, ainda que estivesse em seu estado mais puro de substancialismo e execução da narrativa, precisou submeter-se às tecnologias que ou foram criadas e desenvolvidas por ele ou ajudaram que seus projetos saíssem do papel.

Nesse sentido, os projetos audiovisuais sempre se beneficiaram da digitalização e do avanço tecnológico, que, apesar do ideal purista, representam muito pouco da veia pura de uma arte que depende diretamente da tecnologia.

Não existe filme sem câmera, por exemplo, e, ainda que venhamos a criar um filme que tenha uma atmosfera nostálgica ou que remeta, a partir da fotografia, a um aspecto visual mais antigo, recursos de alta tecnologia serão muito mais eficientes do que câmeras antigas para replicar a mesma atmosfera.

O filme *O Artista*, de Michel Hazanavicius, vencedor do Oscar de 2011, recupera a atmosfera da década de 1920. É um filme mudo e em preto e branco. No entanto, sua filmagem certamente não se deu com os equipamentos da época, ainda que a objetivação explícita fosse igualar o clima e o visual fotográfico inerente ao período representado. A única precisão de informação que existe quanto à fidelidade de material de 1920 são as réplicas visuais, em que os cortes de cabelo dos personagens e as figuras são similares, e também suas inspirações. No mais, continua um filme distribuído por dois dos grandes estúdios de cinema da atualidade: Warner e Weinstein.

Tendo esse preceito como consideração básica, a tecnologia age em benefício da produção audiovisual, tanto na animação quanto no *live-action*.

> *Live-action:* ato real – termo utilizado para descrever filmes que utilizam atores reais para adaptar filmes que, normalmente, vêm de matrizes animadas ou de histórias em quadrinhos anteriores.

Se considerarmos todo o processo de criação do *storyboard* cinematográfico e da sua implementação, entenderemos que a tendência evolutiva natural era, de fato, a digitalização e, no caso do *storyboard*, o diretor de arte que o faz não necessariamente está subjugado, em um sentido ruim, a um maquinário que castra sua criatividade.

E aqui passamos a entender uma diferença fundamental entre o *storyboard* manual e o digital: os recursos digitais facilitam o trabalho do produtor de conteúdo.

A origem do *storyboard* nos ajuda a entender a diferença entre os perfis e como eles determinaram suas épocas. George Méliès foi reconhecido como o primeiro *storyboarder*, entre diversas inovações que promoveu como criador. Mas foi a partir do Walt Disney Studios que o *storyboard* foi concebido como o entendemos hoje.

Christopher Finch, autor do livro *The Art of Walt Disney* (2011), revelou em suas pesquisas que o primeiro *storyboarder* foi Webb Smith. Com ele, e surgiu a ideia de um grupo de imagens em sequência dispostas em diversas folhas, grampeadas e que, na medida em que fossem passadas, dariam a ilusão de movimento, formando uma história animada.

Foi uma percepção importante dos estúdios Disney ao criar o primeiro departamento voltado para o *storyboard*, endossando a base criativa do roteiro ao formá-lo em imagens consecutivas e cimentar determinações antes reveladas unicamente no papel. Iniciava-se o primeiro enlace da importância do imagético na produção de conteúdo para uma audiência, fosse ele artístico ou não.

Annette Michelson, em seus estudos, revelou que um grande período de tempo foi determinante para adoção definitiva do *storyboard* como recurso de organização. Foi considerado, inclusive, por sua ampla caracterização, não passando mais a ser uma opção, mas um recurso fundamental para o planejador em seus projetos.

Entendendo esses pontos de vista, o que diferencia o *storyboard* manual do *storyboard* digital? São diferenças simples, mas profundamente significativas.

Quando vamos estudar ou acessar qualquer conteúdo bem fundamentado de *storyboard*, principalmente na atualidade, vemos palavras como *animatic* ou mesmo *moodboard*. Essas palavras e conceitos foram pontos de mudança nas linhas manuais e digitais do *storyboard*. Temos aqui uma ascensão de um recurso que não poderia estar dissociado do avanço tecnológico, por exemplo.

> O *animatic* é o processo de movimentação animada (por meio de um *software*) dos desenhos que, ainda assim, movimentam-se de um quadro a outro.

Outro ponto de diferenciação é a inclusão de *softwares* na confecção de *storyboards*. Sem um computador, não existe um *software* e sem *softwares* não existem *storyboards* digitais.

Vamos entender um pouco melhor? Ao voltarmos para o paralelo do quadro como célula de um organismo, existe um processo de diferenciação que pode ajudar o diretor de arte a entender o que significa o *animatic* para o *storyboard*.

Digamos que, no *storyboard* habitual, temos a figura estática, na qual os movimentos são determinados por outros elementos e signos estáticos (setas, ícones que revelam a movimentação etc.). No *animatic*, esses quadros ganham vida, pois são exclusivos de um recurso funcional do *storyboard* digital.

Aqui temos a primeira diferença impactante entre os dois métodos. Evidentemente que um projeto não precisa utilizar o *animatic* para que o *storyboard* seja eficaz ou mesmo para que sua ideia seja transmitida de forma clara, mas, tendo em vista que as formas digitais são mais utilizadas e de maneira absolutamente incrustada em nosso cotidiano, a animação dentro do quadro pode ser equiparada a uma célula viva que norteia o corpo e o torna mais preciso.

Esse processo preza pela construção clara para que o diretor esteja ciente de como serão os planos, de quais efeitos visuais a equipe de finalização terá de adotar e como o discorrer da história se cimentará.

Novamente, é uma lupa em cima do roteiro para a identificação de problemas ou de obstáculos práticos que podem não ser entendidos na concepção do roteiro. A depender da tecnologia disposta ou mesmo do orçamento do projeto, algumas decisões podem não funcionar praticamente (ou mesmo por decisão criativa da equipe de direção).

Tamanho cuidado e o nível de recursos podem parecer exagero, principalmente para os estudantes de roteiro e cinema acostumados à guerrilha adotada na produção, principalmente nacional, por cineastas exemplares, mas estamos tratando de outras vias e de produtos com um caráter diferente.

Ainda que os *storyboards* sejam adotados, como visto anteriormente, nas mais diversas áreas de produção audiovisual, normalmente são indispensáveis para as animações (aplicabilidade central deste módulo, inclusive); e uma cena qualquer e sua correção podem significar meses de retrabalho e refinanciamento.

Dito isso, o investimento em um bom *storyboard* e o cuidado meticuloso, utilizando recursos disponíveis pela tecnologia, como o *animatic* são uma poupança direta de tempo e de recursos financeiros.

Aqui encaixamos, com a mesma precisão, o *moodboard*. Ele entra na categoria de mural que serve como guia de ideias que dispõem de elementos visuais (fotos, vídeos e organogramas) que auxiliam o produtor do conteúdo em sua criação.

Figura 4.2 – **Vetor de *moodboard* simples**

Eugenia Porechenskaya/Shutterstock

O *moodboard* tem a função suplementar de salvaguardar um processo que não tem garantias de ser longo ou curto. Processos criativos acontecem de forma misteriosa, ora seguindo uma fluidez que irrompe todos os tipos de bloqueio mental, ora sendo afetados por nebulosidades naturais de toda mente humana.

Um estudo de campo realizado por uma estudante de arquitetura, por exemplo, revelou possibilidades que o *animatic* pode alcançar em detrimento da imagem estática.

> Embora apresentasse algumas semelhanças com os esboços desenhados nos estúdios intradicionais, os desenhos dos alunos não incorporavam notação de movimento. Esboços arquitetônicos tradicionais apresentam implicitamente uma visão totalizante do espaço. Em outras palavras, presume-se que o que não é mostrado dentro do desenho não é importante ou é o mesmo que é representado no desenho. O desenho em movimento, expresso na moldura do quadro, pelo contrário, revela a presença de outros espaços não representados dentro da moldura. Conceitualmente, o quadro implica o espaço fora do quadro e o espaço do áudio. Os alunos não compreenderam o potencial expressivo de tal estrutura. (Aroztegui, 2013, p. 138, tradução nossa)

Com a análise de campo realizada por Aroztegui (2013) em sua aplicação no nicho da arquitetura, por exemplo, tivemos uma ideia prática de como o *storyboard* digital desenvolveu uma identidade própria, com linguagem bem fundamentada e criação de uma nova estrutura de exposição.

Os *animatics* podem ser apropriados às agências de publicidade, já que segmentam de forma direta o viés comercial do *storyboard*, visando seu retorno produtivo e financeiro. Nele, vemos uma possibilidade de teste de propaganda sem que um orçamento dispendioso seja necessário ou mesmo inferira em seu planejamento.

Dito isso, parte do preceito do *storyboard* digital é o desenvolvimento de ideias bem organizadas e suplementadas com auxílio da tecnologia que trabalha de forma orgânica para o desenvolvimento de ideia visuais.

Uma pesquisa eficaz no universo do *design* (tanto em mídias sociais quanto para desenvolvimento de peças publicitárias ou cinematográficas) revela uma tendência crescente no uso de vetores animados com uma linguagem próxima ao que o *storyboard* digital tende a apresentar.

Por fim, é necessária a atualização de recursos e de manuseios deles em prol do desenvolvimento de ideias e de suas aplicações nas novas plataformas. O artista precisa entender que seu processo criativo pode fluir por vias manuais ou mesmo digitais, fazendo esboços em cadernos ou já utilizando diretamente as plataformas digitais, mas como finalidade. Tanto em seu caminho mercadológico quanto artístico, ele terá de ir ao encontro da necessidade de um entendimento das novas tecnologias como aliadas.

Todo processo social, inclusive nas artes, gera impacto, mas faz parte do desenvolvimento de sua linguagem e pertencimento ao universo artístico, o que se pode fazer na condição de seus impactos sociais e de suas novas demarcações.

4.4 *Storyboard* linear

A etimologia da palavra *linear* nos incumbe de que se siga os padrões matemáticos de seu entendimento: uma linha reta que se move a determinado ponto (do início ao fim de forma ininterrupta).

No entanto, precisamos compreender sua funcionalidade e alternativa dentro de sua limitação que, na verdade, serve como base bem estabelecida para que exista a liberdade ao produtor de desenvolver sua ideia.

Dentro dos modelos estudados, a maioria dos *storyboards* segue os padrões de linearidade. Podemos dizer que esses (os modelos) são revelados com a função de seguir um caminho em meio à finalidade, ainda que gerem recursos de *flashback* em relação à história.

Figura 4.3 – **Storyboard linear**

MadPixel/Shutterstock

É importante que o *storyboarder* entenda a função da linearidade não como um fio condutor de sua história, mas como um fio condutor de como sua história será repassada a quem pretende contá-la.

A noção de metalinguagem é algo que deve ser determinante no entendimento do produtor para que o *storyboard* seja um grande facilitador em vez de um recurso complicador no ato de contar uma história. Como descrevem Silva e Vieira (2018, p. 104),

> Compreende-se desta reflexão que a metalinguagem é uma análise do próprio sistema de signos por meio de outros signos que buscam descrever o processo de criação, ou seja, o arranjo de signos esquematizados para elucidar determinados sentidos, e que a obra de arte literária é composta por signos específicos carregados de uma semântica específica a qual se pretende desnudar quando se faz uma análise crítica. De forma que a própria criação literária é composta semântica e estilisticamente como um sistema de códigos a ser desvendado pelo leitor.

Para o produtor de conteúdo e/ou *storyboarder* iniciante, é recomendável que essa via seja utilizada para evitar que se cometa confusão em seu processo de criação. Assim, é importante que alguns elementos de criação de história passem por essa curadoria pessoal antes de serem impostos.

A linearidade em seu enredo pode ser adotada como um padrão para que se exerça seu papel durante a criação de um *template* que siga a mesma ordem. Aqui, a base é a lógica: temos início, meio e fim e eles precisam ser seguidos estritamente.

Novamente, é importante frisar que, ainda que a história siga caminhos e encaminhamentos para que o filme comece pelo final, em seu *storyboard*, sendo ele linear, é preciso que isso se apresente de forma explícita. Por exemplo:

CENA UM – João e Maria reatam seu relacionamento – Externa

A caixa título revela a primeira cena do filme, vamos conduzir como se fosse um *live-action* em que as vias temporais fossem quebradas. O diretor pretende contar sua história começando pelo final, tendo em visa que o *spoiler* não é determinante para o filme, mas como este será exposto e como sua história se desenvolverá.

No entanto, vemos de forma explícita a cena um sem a determinação de que essa cena em específico seja o final do filme. Durante a apresentação do projeto para o desenvolvedor externo, pode e deve existir a conversa esclarecendo as pretensões em relação ao filme, de que ele quebra linhas temporais e que, na verdade, estamos começando o filme por seu final, mas para organização de sua equipe de filmagem, é importante que exista a hierarquia (que estudaremos nos capítulos posteriores) de filmagem, sempre visando à facilitação de suas ideias para quem pretende filmá-las.

Ao longo do desenvolvimento, a pretensão de idealizar uma complexidade maior na formatação da história pode ser sedutora para o diretor de arte, mas é recomendável que ele, se iniciante, exercite as plataformas básicas antes de incorporar elementos e formas de comunicação que exijam maior experiência prática e técnica.

4.5 *Storyboard* não linear

Tal qual um enredo não linear, suas vias de regra são de desrespeito à cronologia. Tempo, espaço e lógica não são necessariamente fios condutores, seguindo um preceito particular de organização e sentido. Em outras palavras, é a "falta de organização organizada".

É importante entender essa via, como em toda jornada de organização, não em um sentido menor que o *storyboard* linear, mas como uma opção que pode ser plenamente encaixada em diversas plataformas e categorias em que exista espaço disponível para seu desenvolvimento de forma utilitária.

Figura 4.4 – **Exemplo de *storyboard* não linear**

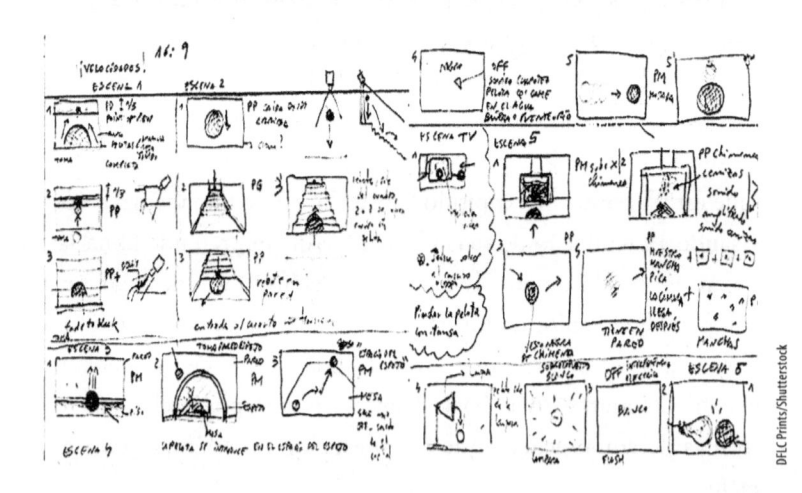

Para a apresentação interna de uma empresa, por exemplo, o *storyboard* não linear pode ser importante, considerando que a lógica interna segue um caminho que não necessariamente abarca as demandas externas. Ou seja, aqui utilizamos o *storyboard* como mapa mental e meio de acréscimo diante das demais demandas em que ele é útil. Saltos temporais fazem parte da lógica corporativa.

Como vimos em segmentos anteriores, o mundo corporativo preza e tende a seguir caminhos de prospecção e, nesse sentido, é natural que o *storyboard* faça saltos temporais planejando hipóteses e, até mesmo, criando cenários alternativos diante de previsões baseadas em estudos internos.

Da mesma forma que o resgate histórico de métodos que vieram a dar certo e, digamos hipoteticamente, em cenários de crise, podem ser utilizados em um organograma expositivo durante uma reunião corporativa em que se pode naturalmente acrescentar e aderir valor à apresentação.

Já no cinema, apesar de sua determinante linear para que a história caminhe para frente, pode existir uma quebra para que alguns quadros representem o retorno do pensamento de alguns personagens, por exemplo, mas, de toda forma, precisa seguir o mínimo de lógica interna para que não se caia no campo do desconhecido. No entanto, todos esses quesitos caem no campo da abstração se não percebemos toda sua potencialidade de aplicação técnica, prática e seus resultados.

Encerramos aqui, então, o quarto capítulo para introduzirmos o quinto, em que direcionaremos elementos práticos do *storyboard* e veremos como eles podem ser úteis e mesmo construídos em prol da produção do autor.

O entendimento da praticidade da produção de animações, filmes e peças publicitárias conforme as facilitações promovidas pelo *storyboard* tomarão meios que terão maior desenvolvimento em sua aplicabilidade, fornecendo ao aluno pontuações necessárias para destrinchar algumas informações aqui apresentadas e intercalar com as demais que serão esclarecidas ao longo do livro.

smdaw/Shutterstock

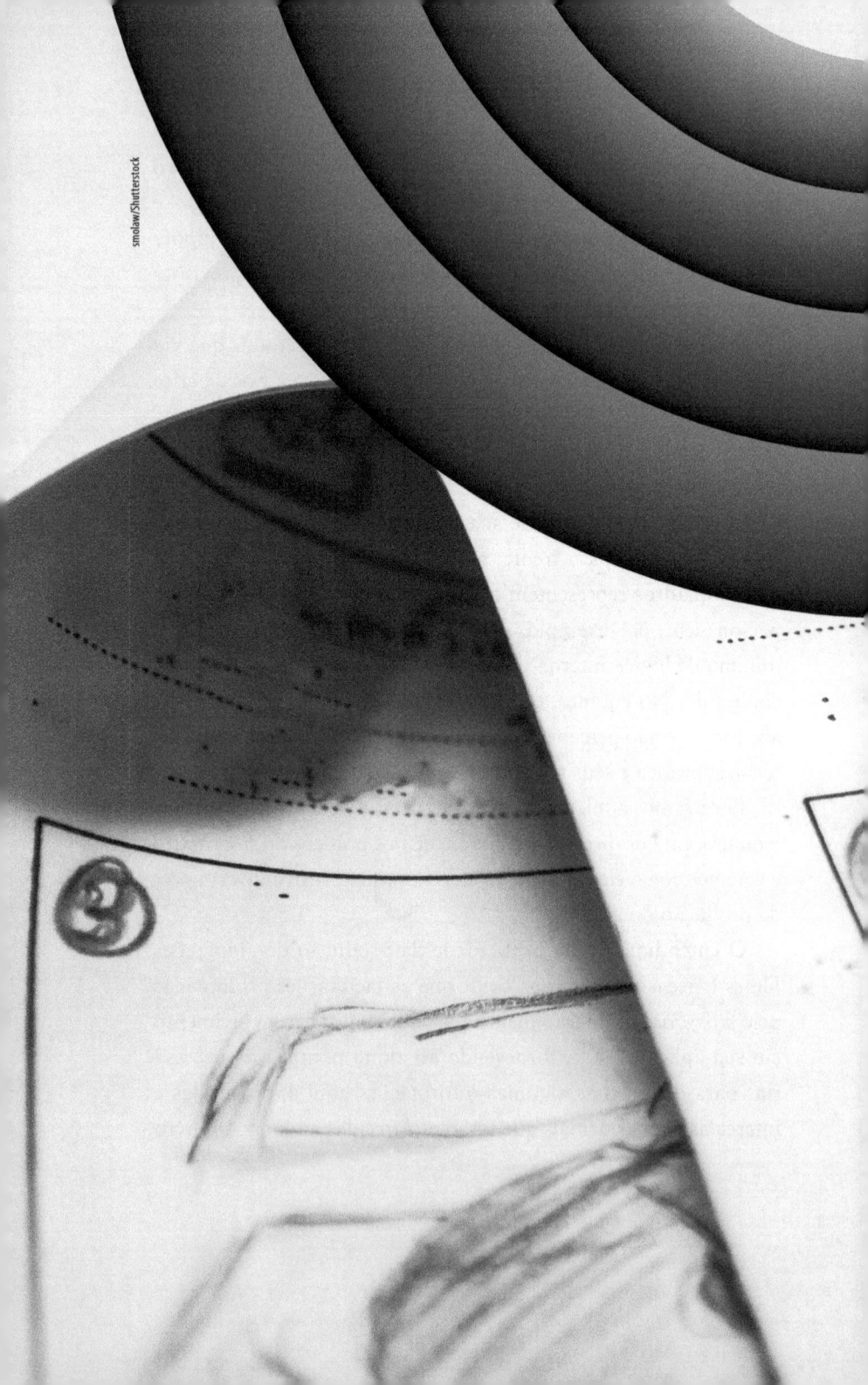

CAPÍTULO 5

STORYBOARD HIERÁRQUICO

Neste capítulo, vamos conferir mais um método de aplicação do *storyboard*: o *storyboard* hierárquico, um modelo que representa o desenvolvimento mais fidedigno às peças audiovisuais de animação.

> *Hierarquia* é o modelo organizacional de um grupo de elementos (pessoas, por exemplo) em que as delimitações partem dos seus graus de importância. De forma crescente ou decrescente, existem graus de poderes, responsabilidades e benesses sociais que, teoricamente, representam o resultado de uma escalada profissional ou pessoal.

No entanto, estamos lidando com um processo em que as peças da organização são elementos simbólicos. Ao compormos um roteiro, como estudamos no capítulo anterior, vemos a existência de uma diversidade de elementos, todos dependentes um do outro para a formação do conjunto.

Ainda assim, mesmo que todos os elementos fossem necessários para a existência do roteiro, alguns se sobressairiam devido à hierarquia da engrenagem específica. Um *storyline* é importante para a construção de um roteiro, por exemplo, mas não é determinante na especificação e na instrução de cenas, pois, sem elas, o roteiro não existe.

Dessa forma, a premissa do *storyboard* hierárquico passa pela ideia de o diretor de arte encontrar, dentro do nicho que vai desenvolver, quais demandas urgem serem atendidas para que seu material esteja alinhado com as expectativas e as ordens externas.

Ao mesmo tempo, é preciso que o autor também se atente aos próprios elementos que fazem a funcionalidade do *storyboard* existir, como engrenagens que precisam estar devidamente encaixadas para a precisão de seus movimentos, não apenas como subserviência ao nicho escolhido (educação, animação, comercial etc.), mas como autofuncionalidade. Podemos ilustrar com base na metodologia *Learning Objects*', como descrito por Wiley (2000, p. 17, tradução nossa):

> Um átomo é uma pequena "coisa" que pode ser combinada e recombinada com outros átomos para formar "coisas maiores". Isso parece resgatar um maior entendimento associado à metáfora LEGO. De toda forma, a metáfora LEGO parte da metáfora do átomo em alguns pontos significativos.

Ao entendermos a metodologia descrita por Wiley (2000), conseguimos visualizar a máxima de que o audiovisual (como o cinema, os filmes e as peças animadas) é um conjunto em sua realização, no qual se forma um sistema codependente em que precisam existir um diretor de arte, um roteirista, um diretor, um sonoplasta etc. Cada elemento individual (um átomo) é formado por mais um conjunto de elementos individuais (outros átomos) que precisam existir e funcionar para que cada órgão se nutra e forme o corpo inteiro, completo e funcional.

Ao mesmo tempo, a ilustração pode seguir tanto os caminhos resolutivos quanto os delimitadores do sistema corpóreo. Nem todo elemento individual combina organicamente com outro, ou seja, durante a criação de um *storyboard*, é preciso analisar que junção de elementos dentro daquele pode torná-lo funcional.

Um exemplo relacionado ao *storyboard* hierárquico é o da Cena Um. Ainda que, por decisão criativa, exista a intenção do diretor de arte de começar o filme pela cena final, em seu *storyboard*, pela funcionalidade e hierarquia adotadas no padrão estabelecido, a Cena Um permanece catalogada dessa forma e se, por ventura, o diretor de arte entender que a equipe de direção deve ser informada da decisão de iniciar o filme por uma cena final, a decisão deve ser informada pela caixa de descrição.

Portanto, cabe ao diretor de arte ou produtor do *storyboard* a análise dos elementos que vão compor sua animação e como eles serão dispostos em sua obra. Durante a análise, ainda que exista uma ideia criativa e que prime pela originalidade, é necessário um respeito a essa hierarquia que, diante de situações práticas, foi testada e entendida como funcional ou não.

Por isso, o estudo é indispensável para a formação de um diretor de arte que queira especializar sua técnica de *storyboard*. O talento inerente ao desenho ou ao domínio de técnicas de computação para o desenho de elementos 3D ou gráficos são importantes, mas o domínio e o respeito à hierarquia de um sistema bem definido são centrais para o desenvolvimento de qualquer *storyboard*.

Paquette e Rosca (2002) conseguiram se aprofundar na "metáfora do átomo" e endossaram alguns questionamentos e apontamentos que enriquecem o entendimento da hierarquia diante da criação do *storyboard*. Para eles, era necessário muito mais do que a união de elementos que funcionassem de forma pragmática.

> Por isso, precisamos de uma metáfora orgânica em que células se combinam de forma simples ou organismos complexos em que o todo é o melhor que suas partes, uma operação produzida por um agente externo, aqui pode ser um designer ou um usuário. A taxonomia dos recursos educacionais deve ser compreendida dentro da taxonomia

> do processo que o críou e o executou. Estamos falando de uma "ecologia" que conserva os "organismos educacionais" envolvidos numa adaptação contínua. (Paquette; Rosca, 2002, tradução nossa)

Paquette e Rosca (2002) chamam a atenção para uma problemática que deve ser considerada em todo processo de criação (artístico ou não). A funcionalidade técnica é primordial para a construção de qualquer corpo, obra ou produto final, mas sua desenvoltura, as formas que os encaixes são promovidos passam pelo caminho da organicidade.

A criatividade prática é uma máxima fixa no ideário moderno de criação e, de fato, é um artigo útil no código mental de quem se propõe a criar algo, considerando que, normalmente, quem busca as vias da produção carece de norte para seu desenvolvimento.

No entanto, é preciso que exista uma abertura imaginativa para que, junto com a perfeita fundamentação da técnica bem estudada, a criatividade, nutrida pelas experiências pessoais do diretor de arte, seja fluida o suficiente para ser inserida na composição técnica do *storyboard*.

Uma parcela do sucesso de um roteiro ou *storyboard* bem escrito parte da percepção da audiência e dos que vão entrar em contato com o material de que todos os elementos conversam de forma orgânica entre si.

É necessário, como bem esclarecido por Paquette e Rosca (2002), que a análise do conteúdo pelo diretor de arte seja do todo. Por exemplo, se assistirmos a um filme da Pixar, como *Up – altas aventuras* (2010), de Peter Docter, podemos perceber o zelo de cada elemento separado.

Temos a trilha emocionante de Michael Giacchino, a dublagem precisa dos seus atores ou mesmo a combinação ideal dos traços do desenho dos personagens em relação à cartela de emoções que o diretor se propôs a passar. Mas esses elementos não sobrevivem isoladamente.

Evidentemente, cada processo da animação passou por um meticuloso estudo em separado, para que seu pleno desenvolvimento e cada célula exposta fosse viva e suficientemente nutrida. Entretanto, ganham destaque apenas quando unidos.

Para que exista essa união, é necessário que, desde o planejamento, principalmente na versão gráfica do planejamento (*storyboard*), as peças sejam encaixadas de forma tão fluida que já não são peças, mas um todo potente em que suas células trabalham em prol do produto.

O *storyboard* é um documento que apresenta visualmente a arquitetura, os parâmetros, os atos, os eventos, os retornos, as conexões, os personagens e suas atividades. Isso cria a possibilidade de controle do diretor de arte quanto aos elementos que serão trabalhados na animação, facilitando a compreensão das ideias pela equipe.

O todo do processo será controlado e organizado de forma eficaz na medida em que suas fragmentações forem bem definidas pelo diretor de arte. Para isso, cada quadro (tanto no sentido que ele ganha dentro do *storyboard* quanto os elementos extras na animação) precisa de delimitações documentadas para que não seja determinado pela desorganização e, consequentemente, sua fluidez na condição de história seja comprometida.

Por definição de estudo, a organização de um *storyboard* hierárquico se baseia em elementos da educação, da psicologia, da engenharia e das ciências da computação. A estrutura narrativa de uma história a ser contada pode se inspirar na cadeia de importância de outras áreas para sua organização.

Considerando que o *storyboard* é uma documentação gráfica de um roteiro a ser seguido, alguns modelos podem ser resolutivos na exposição das ideias, do entendimento e da execução eficaz. A **pirâmide invertida**, por exemplo, que, não obstante, também é a salvaguarda gráfica do *lead* jornalístico, pode ser um modelo de *storyboard* hierárquico ou exemplo prático para aqueles que buscam o entendimento pleno da categoria.

Temos o "o quê, por que, quando e onde?" como o topo dessa pirâmide, orientando quais são os pontos fundamentais na hierarquia do jornalismo. Ao seguirmos essa lógica diretiva, para a elaboração de um *storyboard* hierárquico, a pergunta central é: Qual a base de todo *storyboard*? Certamente é a história que será contada posteriormente; o que transforma uma história contada em sua organização gráfica, por quadros que se sucedem e seu preenchimento com base no decorrer de uma história. Temos aqui o topo da pirâmide de importância.

Outro questionamento que pode ser feito pelo diretor de arte que estuda e busca fontes de inspiração para seu *storyboard* é quanto à codependência dos órgãos entre si. Seguindo a linha biológica, alguns órgãos são de suma importância para nossa vida, mas, sem outros, nem vida existe. Uma vida limitada e com necessidade de adaptação existe sem braços ou pernas, sua funcionalidade é comprometida, mas não existe vida alguma sem coração e/ou cérebro.

No *storyboard* hierárquico, a mesma linha é seguida. O que, para o funcionamento, pode existir sem e o que é de estrita fundamentação? Da mesma forma, os questionamentos podem ser levados para o preenchimento dos quadros do *storyboard*. Na narrativa, tal qual em toda complementação de história a ser contada, existe uma hierarquia.

Em uma animação gráfica, é mais importante que toda a estrutura narrativa do personagem principal seja exposta, problematizada e, consequentemente, solucionada, do que envolta em uma série de zelos estéticos que não necessariamente conduzirão a história a uma boa conclusão.

Principalmente pelo desenvolvimento de habilidades específicas, o diretor de arte, por suas funções artísticas, zelo estético ao desenhar, aprimoramento visual, pode se perder na ideia principal: contar uma história. Ou, no caso do *storyboard*, nortear o diretor que dará vida final à história.

Faz parte da natureza essencial que o *storyboard* seja marcado pela descrição detalhada dos movimentos, planos, sequências e movimentações de personagens, transições entre cenas etc. Portanto, ainda que seja importante que o *storyboard* tenha um bom desenvolvimento gráfico, com visuais bem criados, utilizando os padrões modernos que respaldam o material para os que terão contato (*animatics*, por exemplo), o mais importante é que, em sua entrega, exista a contemplação de seu objetivo de existência.

E seu objetivo principal é o auxílio ao roteiro, seu direcionamento externo, principalmente para os que estão buscando o caminho das animações que, por fazerem parte de uma ideia que se norteia, em princípio, pelo visual, precisa de indicações da movimentação de seus personagens, profundidade de cena, interação com o meio em que eles foram desenhados etc. No entanto, tudo isso sempre no sentido fixo de que todos os elementos únicos precisam fazer parte do grande corpo e funcionar mais como um todo bem configurado do que, propriamente, um passo a passo.

Seguir a hierarquia do *storyboard* ou da narrativa não passa por um processo de exclusão de elementos, mas de entendimento da importância de cada órgão no grande sistema que é o contar histórias. Sua disposição, a forma como as partes vão conversar entre si e terão (ou não) autonomia ditarão os caminhos que o diretor de arte seguirá, assim como o diretor ao ter contato com a versão final do *storyboard*.

Quanto mais consciente for o diretor de arte em seu desenvolvimento do tema e na organização de seu material, mais chances de um grande trabalho final ser desenvolvido pela equipe de direção (no caso de um filme *live-action* ou animado) ou pela agência de publicidade (no caso de uma peça publicitária).

5.1 **Storyboard gráfico**

Pela etimologia da palavra, podemos entender o *storyboard* gráfico como o *storyboard* por definição: é uma ferramenta gráfica (desenhada) em todos os seus processos. Se a visão for a partir da sua composição como organograma, o *storyboard* também se molda por um ideal gráfico. Vejamos: quando quadros são dispostos em uma folha em branco, direcionamentos são criados e, consequentemente, um fluxo de leitura e de acompanhamento das histórias existe de forma autônoma.

Se pensarmos a partir dos estudos da sessão anterior, a ideia de que a hierarquia existe em um fluxo de histórias, tanto para sua criação interna quanto para seu desenvolvimento interno, também partimos da ideia gráfica, do escalonamento da importância e sua disposição na estrutura em branco.

O *storyboard* gráfico parte da ideia do grafismo como método de linguagem, de organização e de interação da ideia com seu receptor. Ao repassar todos os pontos fundamentais do *storyboard*, o diretor de arte entenderá, ainda no sentido da hierarquia, que alguns elementos exigem uma comunicação maior – ou mais bem descrita – do que outras.

A inserção de elementos 3D, nesse caso específico, pode ser de grande utilidade para o diretor de arte, tanto em relação a seu resguardo, na qualidade de instrumentação necessária para o desenvolvimento de sua ideia, quanto para o receptor que entrará em contato com um material interativo em sua máxima execução.

A pesquisa de elementos gráficos, como técnicas de desenho, organização dos quadros (células), métodos de transição e outras linguagens não verbais, pode ser um auxílio importante para o diretor de arte no desenvolvimento do *storyboard*.

Lefeuvre (2014, p. 92) descreveu a importância de uma etapa intermediária e gráfica no processo de constituição de uma peça audiovisual:

> O storyboard constitui, com efeito, apenas uma etapa – além do mais, não obrigatória – da preparação gráfica do filme. Das maquetes de cenografia aos dispositivos de filmagem, passando pelas ilustrações de produção ou de imagens operadas, existe todo um painel de croquis, mais ou menos técnicos, mais ou menos completos que, além de parecerem muito semelhantes entre si, possuem uma especificidade formal e uma função bem definida.

Entendido o grafismo como peça fundamental da documentação de todo o processo de filmagem, compreendemos que toda a disposição de elementos visuais ao longo do processo de filmagem (seja da animação, seja do *live-action*) passa por uma carência visual.

A disposição de elementos durante o *set*, como relatado por Lefreuve (2014) pode ser exercida funcionalmente com outros elementos visuais (arquitetônicos, por exemplo), mas também por suas limitações. Seja pela imobilidade (uma maquete), seja por qualquer outra impotência, o *storyboard* se configura como mais eficaz no processo de orientação cinematográfica.

As maquetes que fazem parte da composição do *set* são de especial interesse ao cenógrafo, por exemplo. São inspiradoras e fazem parte de um bastidor enriquecedor do processo fílmico. No entanto, em termos de participação direta na construção animada, é preciso que exista um papel bem desempenhado.

Algumas animações utilizam maquetes cenográficas como funcionalidade em meio a seu processo de desenvolvimento, a partir da documentação de peças em 3D e que podem traçar um estímulo visual ao diretor de arte em seu processo de composição.

Se a ideia do *storyboard* for quebrada em sua obrigatoriedade de transpassar as ideias visuais para páginas em branco (digitais ou manuais), o processo de construção cenográfica (a formação de maquetes como registro visual) – para que seja um elemento norteador do diretor da animação ou filme *live-action* – passa a ser uma espécie de *storyboard* tanto quanto, considerando que ele atinge o objetivo de conduzir visualmente o diretor de arte. No entanto, tamanha demanda de construção (física e criativa) pode ir de encontro à principal matéria funcional do *storyboard*, a economia de tempo e de recursos ditados pela orientação visual que o diretor vai ter.

A construção cenográfica por maquetes, por exemplo, tem maior valor simbólico para um diretor de arte e para um *set* de filmagem como matéria inspiradora que gera uma atmosfera na equipe de produção, talvez maior para um animador que busca entender a proporção dos personagens em detrimento do cenário construído.

Quando a questão-chave é a utilidade, inclusive, unida à inspiração visual com custo-benefício equilibrado para uma equipe de produção, o *storyboard* gráfico, aqui visto como uma folha em branco, é indispensável no desenvolvimento da produção.

A importância da documentação gráfica, essa tão posta em questionamento por sua funcionalidade, é fixada por seu utilitarismo, e o *storyboard*, a partir do cenário posto, ganha contornos de essencialidade pelo funcionamento diante dos meandros da composição de uma peça audiovisual.

5.2 *Storyboard* desenhado à mão

Estudar o *storyboard* desenhado à mão é estudar a origem do *storyboard*. Como vimos nos capítulos anteriores, a história do *storyboard*, apesar de se configurar como elemento de prestígio posto à prova em quase toda atividade cinematográfica, inicia-se com aquele que deu os primeiros passos na construção do cinema: George Méliès.

Com filmes que propunham a realização de eventos fantásticos, Méliès era um pioneiro, inclusive, em sua forma de produção; durante procura e pesquisa de historiadores e amantes de cinema, foram encontrados os primeiros registros gráficos de seus filmes e os métodos utilizados pelo diretor.

Figura 5.1 – *Storyboard* desenhado à mão

Na época, seus desenhos foram denominados, em tradução livre, *sketches de continuidade*. Na acepção da palavra, era identificada a origem do *storyboard* e do *storyboard* desenhado à mão como a ideia de registrar as cenas com suas categorizações de continuidade que serviriam como base para a adaptação de seus filmes.

Em 1920, o *storyboard* chegou aos Estados Unidos, e algumas modificações úteis foram notadas. Era cada vez mais frequente a escrita nas margens dos quadros que continham desenhos (muitos deles amadores) que indicavam instruções específicas, muitas vezes retiradas diretamente do roteiro. O *storyboard* começava a ganhar respaldo para que fosse uma instituição necessária dentro do fazer cinematográfico.

No entanto, os *sketches* de continuidade careciam de flexibilidade em sua elaboração. Seu método não fornecia uma plataforma dividida em segmentações, como os quadros no *storyboard*, logo, não existia a abertura para apagar uma cena ou mesmo trocá-la por outra.

Webb Smith é considerado o criador do termo *storyboard*. Icônico ilustrador do estúdio Walt Disney, notou a necessidade de encenar os desenhos de sua animação *Oswald the Lucky Rabbit*, de 1927. O ilustrador, então, mudou a dinâmica dos conhecidos *sketches* de continuidade e passou a fixar um desenho por página, em seguida, em um quadro (célula), para que pudesse reconstituir a continuidade da cena em sequência. É importante notar que algumas características únicas do *storyboard* surgiam a partir da criação de Webb Smith, como a independência de cada quadro, mas, não menos, sua funcionalidade conectada entre os quadros para a formação de um todo (o movimento).

Apesar de sua realização, ainda é um tema delicado definir um pai do *storyboard*, mas, certamente, foi com Webb Smith que ele começou a ganhar contornos mais profissionais e denotar sua importância para a criação de animações. Vemos, inclusive, que suas técnicas valorizavam diretamente a técnica de *storyboard* desenhado à mão, pois, tendo em vista uma época em que a tecnologia era limitada e, certamente, não existiam computadores para finalização ou mesmo de construção de *storyboard*, a ideia de desenho único página por página para a grande formação de um movimento de continuidade era criada.

Em consonância a essa reflexão, entendemos a importância e a valorização das técnicas empregadas pelo uso mais laboral e primitivo das artes. Não raro, grandes animadores, diretores de arte e especialistas em *storyboard* ainda buscam a realização dele como arte fundamentada por seus processos iniciais: o desenho à mão.

Inclusive, a Disney, em um de seus materiais de divulgação artística das décadas de 1960 e 1970, instruía o público como método tradicional e específico de sua criação, como prática do estúdio na filosofia o "quadro a céu aberto".

Em um dos materiais de divulgação, vemos quatro ilustradores convocados para que desenhassem uma árvore. Ali, foram postos os elementos mais naturais e primitivos que um artista pode ter: tinta, papel, giz, carvão, lápis e um quadro em branco.

Apesar de soar como uma peça de romantismo diante do processo criativo, a ideia de *storyboard* desenhado à mão, de arte primitiva, era consolidada mesmo em meio aos crescentes avanços tecnológicos nos quais, inclusive, a própria Disney, pelo que vemos hoje, é pioneira.

Em continuidade à história do *storyboard*, foi com a chegada do *studio system* que ele alcançou outro patamar diante da concepção e do desenvolvimento da construção cinematográfica. Em 1930, as dinâmicas de filmagem e preparação em Hollywood foram alteradas, e os produtores perceberam que o tempo de preparação criativa era cada vez mais necessário.

Houve o *boom* de desenhistas contratados para a preparação de croquis e desenhos de continuidade (os *storyboards*) que faziam parte da composição artística do filme, o qual prezava pela pré-produção como elemento fundamental do sucesso.

O *storyboard* passou a ter um *status* de trabalho charmoso, principalmente por reunir um rol de desenhistas prestigiados para constituir todo o processo criativo de um filme. Apesar disso, em 1950, houve uma crise de processos nos estúdios de Hollywood e a atividade de *storyboard* foi diretamente afetada.

O trabalho dos *storyboarders* passou a ser sucateado pela forma de contratação que ocorria pela grande maioria dos estúdios. Eles eram chamados quando alguma cena de maior grau de complexidade precisava ser filmada ou mesmo quando alguma cena com efeitos visuais precisava ser pensada em uma plataforma que não arranhava a superfície do escrito.

Foi se percebendo que, com a crescente tecnologia e o aumento das produções *blockbusters*, tornava-se mais necessário que concepções visuais fossem postas em registros documentais visuais para que o diretor – ou os produtores – visualizasse ou tivesse alguma direção visual das ideias que o roteirista ou criador da ideia tinha em relação ao material.

A usabilidade do *storyboard* desenhado à mão foi sendo fixada. Aqui temos um material de grande aporte funcional e com baixo custo. O *storyboarder*, por definição de suas funções criativas, não necessariamente vai expor em seus desenhos fantasias imaginativas inalcançáveis para a tela, mas, justamente, entregar para os produtores do filme soluções visuais que têm possibilidade real de execução na tela.

Temos, também, uma diferenciação para a história em quadrinhos, por exemplo. No *storyboard* desenhado à mão, vemos que os personagens (a não ser que estejamos tratando de uma animação) estão adaptados à realidade *live-action*. Nos quadrinhos, roupas são ajustadas em corpos disformes, e não compete à realidade alcançá-los.

Para esclarecimento, um filme do personagem Superman pode ter um *storyboard* em que, a partir dos efeitos visuais, práticos e de CGI, ele carregue um avião em suas costas e faça seu pouso salvando centenas de vidas. No *storyboard*, essa cena precisa ser retratada com corpo, figurino, proporções e indicações que se aproximem da ideia de real que temos, considerando a interação desse personagem com o "mundo real".

Já nas histórias em quadrinhos, além de não termos os indicativos de como aquela história será encaixada em um produto final (já que ela já é o produto final), as proporções, a roupa e o cenário podem fazer parte de uma realidade fantástica idealmente adaptada para uma plataforma (as histórias em quadrinhos) que abarca esse tipo de exposição.

Faz parte do *storyboard* proporcionar soluções visuais do que pode ser transposto para a tela, orientando diretor, produtor e figurinista do filme sobre, por exemplo, que tipo de tecido pode ou não funcionar em relação àquele personagem fantástico.

Nem tudo que compete à realidade gráfica de uma história em quadrinhos, por exemplo, pode ser diretamente transposto à tela. E, em uma realidade de cinema que prioriza a construção ininterrupta de *blockbusters*, ter uma equipe ou um criativo destinado à específica função de construção visual transposta para uma tela em branco passa a não ser mais uma espécie de luxo para as produções cinematográficas, mas uma necessidade.

O *storyboard* feito à mão constitui maior serventia para filmes *live-action* do que, propriamente, animações. Seguindo o espectro das produções modernas, o *storyboard* do último vencedor do Oscar, *Parasita*, foi feito à mão, resguardando um processo criativo que se constituiu pela intimidade do criador com sua criação.

Normalmente, os *storyboards* feitos à mão, principalmente os atuais, são utilizados com tal viés. As tecnologias fornecem processos de composição mais elaborados que certamente poderiam fazer parte do processo de Bong Joon-Ho em *Parasita*, por exemplo, mas sua pessoalidade com o tema o moveu a desenvolver *sketches* em sua posição mais primária.

Principalmente se o roteirista e o diretor do projeto forem o mesmo, é interessante que ele faça o *storyboard* como processo íntimo e interligado às nuances que queira dar ao próprio filme. Se feito à mão, resguardará ainda maior intimidade no sentido imaginativo de sequenciamento de suas ideias e imaginações afloradas.

Quando tratamos de animações, por exemplo, não podemos restringir seu processo de composição, ainda mais de seus *storyboards*, como processos mecânicos em razão de sua necessidade de tecnologia para desenvolvimento. Os processos digitais podem e devem ter influência nas metodologias criativas de filmes animados, mas é importante lembrarmos que o primeiro *storyboard*, com a palavra sendo utilizada da forma mais fidedigna, foi feito em prol de uma animação (como estudado anteriormente).

Portanto, o *storyboard* feito à mão continua um processo usual e útil, não apenas como charme e processo pessoal do artista em sua criação, mas como visualização do que se pretende transpor à tela.

Os *animatics*, por exemplo, são elementos que beneficiam de forma direta o processo de animação na condição de gênero de filme. Neles, em cada quadro, temos a visualização direta (e não indicada) da movimentação idealizada pelo diretor de arte.

Apesar de seu método moderno e que modifica o *modus operandi* do purismo da construção artística, não podemos descartar nem fazer juízo de valor, cada uma serve a um propósito e cumpre, a rigor, suas determinações de indicar ao diretor e ser intermediário entre roteiro e direção. No entanto, parte da atividade de diretor de arte, autor e/ou *storyboarder* é ter a sensibilidade de encaixe dele em cada caso de produção específica.

Por exemplo, se estivermos em um cenário corporativo, em que uma grande empresa encomenda a uma agência de publicidade um *storyboard*, precisaremos de desenvolvimentos voltados à funcionalidade e à apreciação mercadológica, de forma a contemplar as demandas de mercado.

Nesse caso específico, a digitalização, a utilização de um *storyboard* digital, com sua hierarquia bem delimitada, com todos os pontos do grafismo expostos, em seu sentido mais pragmático possível, é o recomendado, pois já que não depende nem carece de um viés emocional ou mesmo íntimo (tendo em vista o contexto corporativo).

Contudo, se estamos lidando com uma demanda pessoal, de criação de uma história íntima, que conversa com o criador do *storyboard* e precisa ser descrita com precisão pelo diretor de arte, é fundamental que seja utilizado, exposto e transposto a partir de um *storyboard* feito à mão. Aqui temos a salvaguarda artística em todos os seus sentidos de pessoalidade com tema, mas, ao mesmo tempo, o profissionalismo e a mercadologia do entendimento do cinema como produto e processo que precisa de uma equipe.

O *storyboard feito à mão* resguarda o artista em suas concepções pessoais, trazendo à tona o primitivismo e o purismo da arte em sua verdadeira prática, mas prezando por sua funcionalidade e por seu caráter diretivo, em que existe e subexiste em prol do funcionamento do corpo; o todo.

5.3 **Cenário**

O cenário é o entorno. Se buscarmos a definição de cenário, encontraremos seu entendimento como um "conjunto de elementos visuais que compõe uma cena" ou "lugar que decorre a ação de uma cena", por exemplo. Ambos retêm a fenomenologia do cenário como função para algo maior. Aqui, nesse caso específico, a cena que provavelmente faz parte de uma peça audiovisual ou teatral.

No entanto, o cenário é o entorno de cada elemento substancial, externo ou não. Por exemplo, uma pessoa, em um cenário hipotético, adoece (deprime). O cenário atual em que esse fato acontece é o pandêmico, tendo em vista que o cenário social macro é a pandemia que globalmente todas as pessoas estão enfrentando.

Se colocarmos uma lupa mais específica, a pessoa em questão pode viver em uma casa violenta ou em um trabalho repressor. Assim, criamos um cenário que ultrapassa as barreiras visuais, e todos os seus sentidos podem existir além da necessidade de visualização gráfica.

Entretanto, ao estudarmos o *storyboard*, estudamos, em concomitância, um método de linguagem que tem como sua via maior de documentação o visual, seu grafismo diante do universo verbal. Logo, o cenário para o *storyboard* compõe-se não apenas de toda questão filosófica inerente à sua fenomenologia, mas, principalmente, do que pode ser formado pela disposição visual e/ou física desses elementos.

O cenário, durante uma criação animada ou mesmo de um filme *live-action*, relaciona-se muito com a natureza da arquitetura e do urbanismo. São ciências que estudam os entornos, os cenários que compõem o cotidiano das pessoas.

Quando lidamos com o audiovisual, o estudo de suas nuances e históricos são importantes para que entendamos a origem e a importância de cada aspecto, por exemplo. Os filmes de Alfred Hitchcock eram formados por cenários montados, tanto era uma especificidade autoral do diretor e "mestre do horror" quanto um método de fidedignidade ao que buscava transmitir em suas direções.

No entanto, além das decisões criativas movidas pelo diretor, existia – e deve existir no processo de composição de cada diretor de arte – a funcionalidade do projeto cinematográfico que deveria transpor as ideias primitivas.

Em um processo animado, por exemplo, é mais simples (guardadas as devidas proporções) que o diretor de arte encontre sua funcionalidade, tendo em vista que – à parte de uma pesquisa eficaz e um bom desenvolvimento gráfico – seu cenário estará pronto para funcionar diante de sua peça audiovisual.

Já em uma peça publicitária ou em um filme *live-action*, também é preciso atenção aos detalhes do figurino, por exemplo, pois precisamos levar em conta as especificidades do cenário para que saibamos o que vamos descrever e o que é preciso para que ele seja possível em seu processo de realização.

Outro elemento funcional para o cenário no *storyboard* é a caixa de título. Normalmente, por utilização massiva dos diretores de arte dessa ferramenta, a indicação da localização da filmagem (o cenário utilizado) é feita na parte de cima de cada célula, como estudamos nos capítulos anteriores.

Ainda que pareça um indicativo simples e não abarque toda a complexidade da definição de um cenário de uma peça audiovisual, principalmente em *live-action*, é importante e indispensável que ela esteja exposta em cada célula do corpo do *storyboard*.

Ao indicarmos em que locação (interna ou externa) a filmagem acontecerá, já existe um preparo do diretor de onde ele deve planejar a filmagem de determinada cena ou de seu filme como um todo. Para fixação, repassaremos o método utilizado pela caixa de título ao indicar a cena e como deve ser feito:

CENA DOIS – PLANO ABERTO – EXTERNA – 2 minutos – 20 segundos

Aqui acrescentamos a duração, como percebido, não apenas para complementar a caixa. No entanto, quando tratamos do cenário, ainda mais o indicado, é importante que também lidemos com a duração. Tendo em vista que o cenário é uma locação externa, a luz natural pode interferir em uma cena e, dessa forma, se ela exigir um pôr do sol, por exemplo, a duração precisa seguir as vias naturais para que não seja muito longa e, consequentemente, não se perca a parte orgânica do evento.

É importante que todos os detalhes de composição do cenário sejam pensados no processo de produção do *storyboard*, considerando que sua função fundamental e de todos os seus meandros é ser indicativo-guia para o diretor, o de concomitância e maior gênero de importância é o de análise de soluções e possíveis erros que não poderão ser solucionados na filmagem.

O diretor de arte, na confecção do seu *storyboard*, pode perceber quanto dos detalhes poderão fazer parte de uma escala proporcional em relação aos eventos que estão sendo para o filme.

Alguns filmes, ao longo da história do cinema, conseguiram se utilizar de locações externas e reais para seu desenvolvimento. O neorrealismo italiano, desenvolvido por Roberto Rossellini, Vittorio De Sica e Luchino Visconti, foi um dos gêneros que se utilizava do real, das ruas do cotidiano italiano como método de potencialização para contar suas histórias, calcadas, justamente, na luta árdua do dia a dia das pessoas daquele cenário.

No Brasil, o destaque ao utilizar cenários reais para contar histórias é do Cinema Novo. O diretor baiano Glauber Rocha foi um dos que conseguiu se destacar na utilização de cenários baseados na realidade brasileira (como o sertão) para contar histórias que tanto perpassavam pelo real (a forma como os personagens falavam e se vestiam) quanto pelo lúdico (os enfrentamentos físicos que tinham).

A herança deixada pelos cenários compostos nos filmes de Glauber Rocha reverbera no cinema nacional ainda hoje. O diretor brasileiro de maior destaque nacional e internacional, o pernambucano Kleber Mendonça Filho, em seu último filme, *Bacurau* (2019), utilizou a crueza do sertão do interior pernambucano como cenário (pano de fundo) para um *"neo-western"* ficcional que transita entre a violência lúdica e a realidade que ultrapassa a diegese do filme.

Podemos usar essa obra cinematográfica como exemplo muito claro de que o cenário visual do filme pode, na verdade, servir como pano de fundo de uma história que pode seguir outro viés emocional que não, necessariamente, esteja em harmonia com a substância da história contada.

Além de inspirações externas, a locação interna é muito importante e é um verdadeiro diferencial nas habilidades do *storyboarder*. Movido pelo nicho da arquitetura, é importante que o diretor de arte tenha uma gama de inspirações, bagagem cultural e sensibilidade de apreciação para a composição do pano de fundo de suas histórias.

É importante que o diretor de arte tenha ideia fixa da técnica e das delimitações para quando for exercer as funções obrigatórias da composição do *storyboard*. Essas técnicas podem ser vistas conforme os pontos a seguir.

- **Externa:** são os cenários – como o próprio nome expõe – "abertos", estão fora de ambientes fechados e, normalmente, são parques, ruas, praias, ambientes naturais e urbanos que abrangem um todo.
- **Interna:** são os cenários interiores, normalmente apartamentos, quartos, casas, com um espaço físico menor e mais reduzido em suas dimensões proporcionais físicas.

Para fixar melhor o exposto, considere o clássico *12 Homens e uma Sentença*, de Sidney Lumet, em que todo o filme se passa em uma sala de júri, no qual a alternância dos planos expostos varia apenas nos detalhes de uma mesma sala e nos rostos dos personagens.

A cenografia também deve ser levada em conta em projetos animados do diretor de arte. Estamos lidando com um projeto substancialmente fantasioso, afinal, a animação parte da ideia de personagens de desenhos, ainda que eles tenham um caráter mais adulto, por exemplo.

De toda forma, a animação costuma ser um recurso para desenvolvimento de fantasias ou de ambientes que deem vazão ao fantástico, em que existam possibilidades de ludicidade em seu desenvolvimento. Por isso, parte da criatividade exercitada do diretor de arte que a concentração em relação ao cenário proposto em sua animação seja tão meticulosa e detalhada quanto na construção de seu personagem.

Grandes animações se destacam pela riqueza de detalhes cenográficos, como os filmes de Tim Burton ou mesmo as obras do estúdio Ghibli, em que cada espaço do grande escopo visual objetiva o preenchimento zeloso. Dessa forma, o diretor de arte ou o *storyboarder* deve estar atento à criação dos cenários e saber sua utilidade no exercício animado. Apesar de estarmos lidando com uma base fantástica, o sentido precisa existir e uma harmonia visual, ainda que lidemos com o campo da abstração, é exigida.

O entendimento básico deve ser de que um bom cenário não depende da quantidade de objetos dispostos em tela nem mesmo de seu ultrarrealismo para que seja verossímil em relação à realidade que nós vivemos, pois, assim, um filme *live-action* seria uma opção melhor.

O cenário deve ser o pano de fundo perfeito para ambientar conflitos, aventuras e resoluções do personagem principal, destacando-se por sua forma – que pode se evidenciar pela execução ideal diante do mundo que pretendemos apresentar – e, principalmente, para passar despercebido diante de uma história que sobrevive por si e utiliza de seus elementos separadamente em prol do todo.

5.4 Plano

O plano em um exercício de filmagem é o elemento mais importante da produção e do teor que queremos dar a ela. Podemos fazer um paralelo com as formas como enxergarmos a realidade, por exemplo. Se concentrarmos nossa visão em uma pessoa correndo, com seus fones de ouvido, pouco se saberá sobre aquela pessoa ou sobre o contexto em que ela está inserida. No entanto, se olhamos seu entorno, toda a amplitude que especifica seu cenário e sua ambientação, poderá ser percebido que aquela pessoa corre em sentido contrário enquanto pessoas fogem do local porque uma chuva se aproxima.

A partir de detalhes de ambientação, locação e contexto, uma nova percepção foi adquirida por aqueles que abriram o escopo em relação à ação que foi exposta *a priori*. Qual a diferença? Bem, podemos entender uma diferença primária e fundamental para a visualização do tema em si como o objeto de estudo que aqui será analisado: o plano.

No cinema, muitos planos foram introduzidos, popularizados e fixados dentro do cânone de filmagem para filmes, peças publicitárias etc. Todos eles seguem um propósito diante do que se pretende apresentar, ou seja, os planos não podem ser escolhidos em vão, pois, caso sejam utilizados erroneamente, uma mensagem pode ser transmitida de forma equivocada para a audiência.

Tendo isso em vista, seguem os planos mais populares e que resguardam grande parte da potência narrativa de filmes, animações e peças publicitárias a que temos acesso atualmente.

5.4.1 Plano geral

O plano geral age diretamente na formatação inteira da tela. Normalmente, abrange todo o cenário de forma a despertar a grandiloquência da ambientação que está sendo apresentada.

Um método bastante comum utilizado pelo plano geral costuma ser o de contraste diante de um personagem em relação ao ambiente (tanto figurativo quanto físico) que ele habita. Temos – como exemplo significativo – o treinamento do personagem Rocky Balboa, na sequência *Rocky IV*. No filme, o personagem viaja até a Rússia para enfrentar um lutador que matou seu melhor amigo e treinador durante uma luta.

Por questões políticas, sociais e cinematográficas, durante todo o treinamento, o personagem de Sylvester Stallone entra em contraste com os cenários de uma União Soviética gélida, grandiloquente e fria. Planos abertos são utilizados para mostrar à audiência, principalmente à norte-americana, que um personagem enfrentará não apenas um oponente específico, mas todo o seu ambiente político, social e cinematográfico.

5.4.2 Plano médio

Como a palavra indica, é o intermédio, principalmente entre o *close* e o plano geral. É o plano mais utilizado e compõe quase que a totalidade de cenas e filmes por ser, de forma simplificada, o plano que captura tanto os detalhes do ambiente quanto a proximidade dos personagens.

O plano médio se configura pela filmagem dos personagens da sua cintura para cima e foi incorporado em outros meios de comunicação, como publicidade e até mesmo jornais televisivos, criando uma padronização na forma de apresentar as informações.

5.4.3 Plano americano

Como o título sugere, o plano americano foi fruto de sua constante utilização no auge da Nova Hollywood. Diretores como Francis Ford Coppola e Martin Scorsese costumavam filmar o clímax de seus filmes em plano americano em razão de sua multifuncionalidade.

O plano filma os personagens em cena (e costumam ser dois ou mais personagens para sua utilização eficaz) dos seus joelhos para cima, com uma margem de profundidade significativa para a interação deles com o território filmado.

5.4.4 Primeiro plano

O primeiro plano concentra-se, evidentemente, na unicidade da cena. Normalmente com a câmera aproximada, é utilizado para enfocar expressões faciais ou detalhe de algum objeto (ou o próprio objeto) da cena.

As questões emocionais destinadas pelo primeiro plano são evidentes. Elas costumam ser utilizadas em momentos graves, em que o personagem demonstra algum sentimento determinante para o enredo da história que está sendo contada.

O primeiro plano costuma ser utilizado na escola de filmes franceses por caracterizar a sensibilidade humana como entrega e conexão do personagem com o público.

Eugène Green, conceituado diretor francês que trabalha para um público direcionado, costuma utilizar em seus filmes o primeiro plano para revelar os conflitos e/ou resoluções de seus personagens. Em Hollywood, o filme *Star Wars – os últimos Jedi* foi um dos filmes de largo alcance que conseguiu a utilização desse plano pelas mãos do diretor Rian Johnson. O vilão em conflito, Kylo Ren, por vezes tem seu rosto disforme em plano detalhe, quase sempre com um olhar intrigante em que suas características físicas e emocionais são detalhadas. Vemos suas cicatrizes, suas olheiras profundas, seu olhar seco e deprimido e entendemos, a partir da utilização do plano, toda uma série de decisões erradas que o moveram à descaracterização física.

5.4.5 Primeiríssimo plano

Digamos que a integridade do rosto do ator Adam Driver, que interpretou Kylo Ren, fosse disposta em tela, as fissuras físicas fossem ainda mais detalhadas e a coloração de seus olhos entrassem em um destaque ainda maior: o filme teria utilizado o primeiríssimo plano.

Mãos, olhos e outras partes do corpo costumam protagonizar o primeiríssimo plano. As formatações de expressividade (ou da falta dela) são potencializadas ao máximo em sua aplicação. Aqui segmentamos uma escola de cinema que visa extrair o máximo da interioridade emocional do personagem e do ator que o interpreta.

5.4.6 Plano detalhe

Nesse plano já lidamos diretamente com o máximo da aproximação da câmera diante do detalhe que se pretende mostrar.

Figura 5.2 – **Exemplo de plano detalhe**

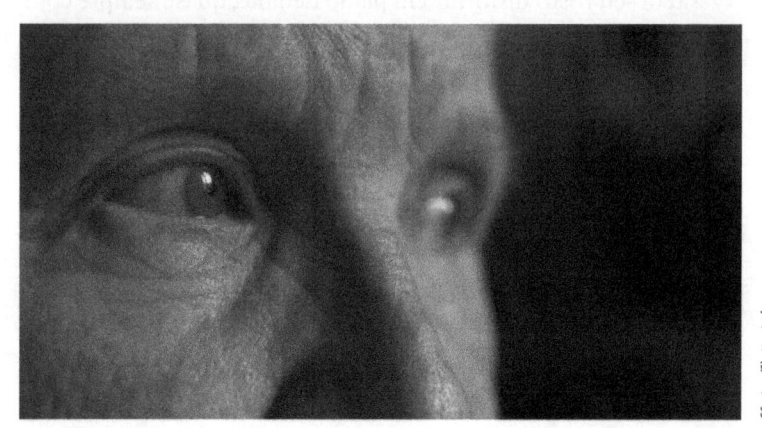

O plano detalhe costuma detalhar as emoções, as sensações e a intimidade dos objetos ou dos corpos envolvidos. Com os personagens principais ou com os ambientes que ele está interagindo ou subjugado, temos uma projeção de forte apelo sensível.

5.4.7 Plano inicial – Plano passagem

Nesse plano, não necessariamente temos uma delimitação de como a câmera deve filmar determinada cena, mas costuma ser utilizado para apresentar uma ambientação cenográfica para que a audiência se adapte à tela.

Filmes como *Moonrise Kingdom*, de Wes Anderson, ou *O fabuloso destino de Amélie Poulain*, de Jean-Pierre Jeunet, costumam utilizar o plano passagem tanto para habituar a audiência em relação ao que vai ser apresentado quanto como transição entre as cenas.

5.4.8 Plano sequência

Temos como exemplo de plano sequência o filme que era favorito ao Oscar de 2019: *1917*, de Sam Mendes.

Nele há uma cena que segue uma sequência contínua, sem cortes, para aproximação verossímil a uma ação natural do cotidiano, denotando habilidade técnica de seu diretor por não precisar usar do recurso da decupagem para montar seu filme.

Para que exista naturalidade, diretores e equipes costumam usar estabilizadores de filmagem para que a natureza das reações físicas não interfira.

Por fim, os planos agem em prol dos sentimentos que devem ser perpetuados nos filmes, em como queremos (e o que queremos) despertar na audiência.

Finalizamos, assim, o Capítulo 5. No Capítulo 6, reforçaremos, a partir de exemplos práticos e análises, os elementos que compõem o *storyboard* e fazem dele tão importante e funcional para auxiliar o artista em sua tarefa tão primordial quanto árdua: contar uma história.

KieferPix/Shutterstock

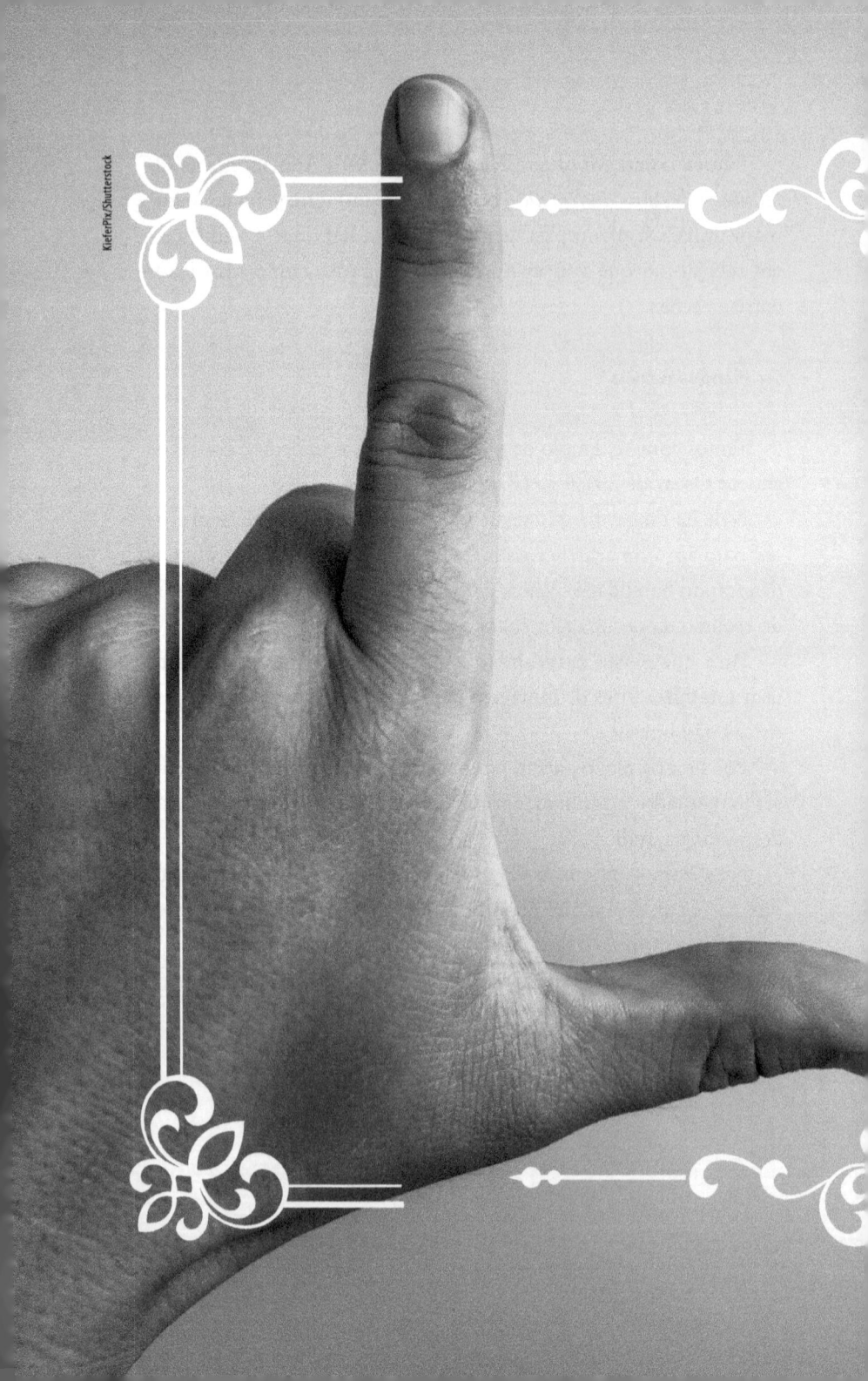

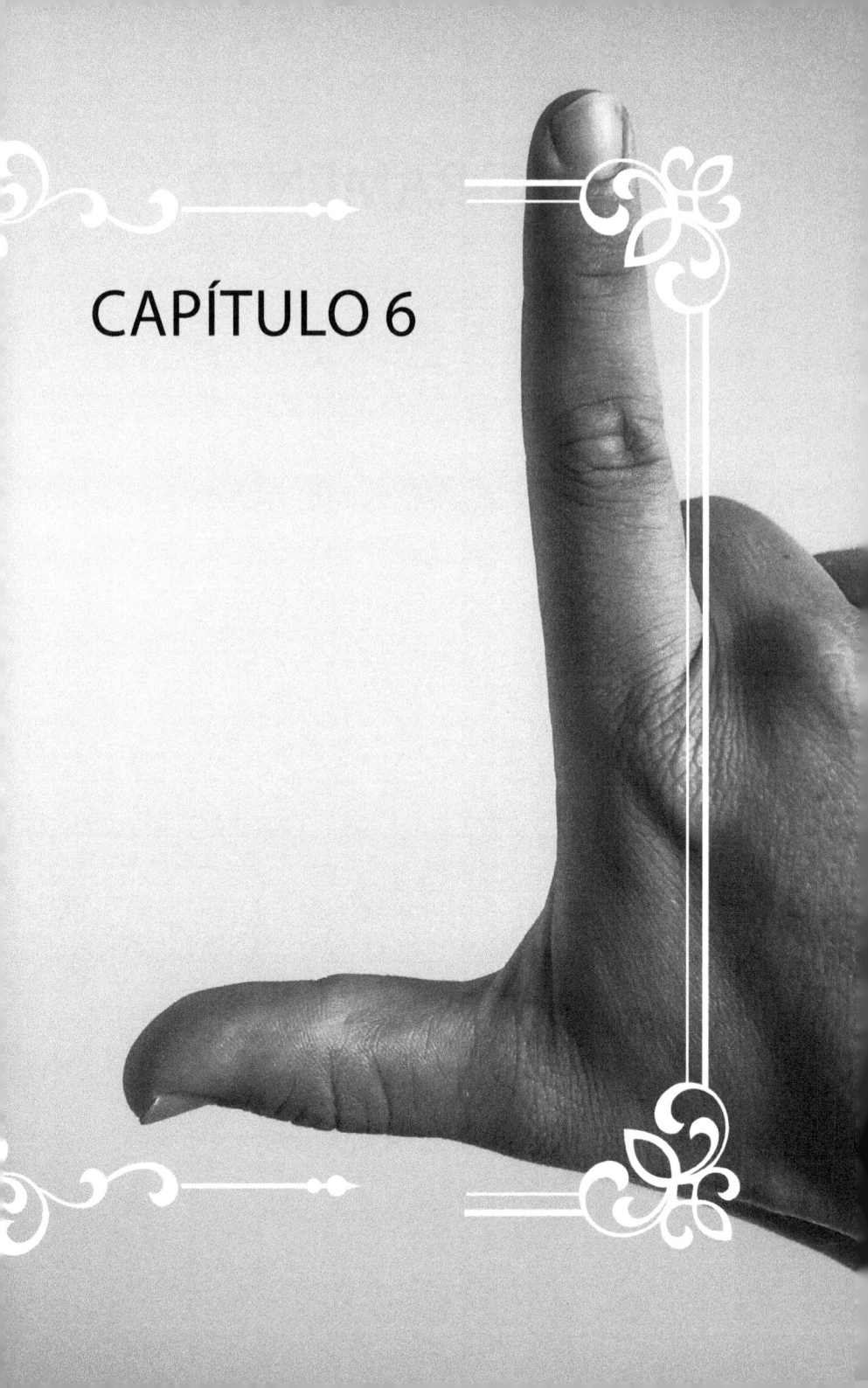

CAPÍTULO 6

ENQUADRAMENTO

Analisamos anteriormente os métodos de continuidade de uma filmagem que determinam a visão da audiência a respeito deles. Os planos têm o poder de, em meio à aplicabilidade da cena, elencar, escolher e transmitir as emoções de acordo com a intenção do autor.

O enquadramento conversa de forma bastante íntima com os planos. Tal fenômeno se sobressai, considerando que, para que o diretor aplique, por exemplo, um plano sequência ou um plano detalhe, antes, ele precisa escolher qual enquadramento objetiva para determinada cena.

Considerando essa lógica, o plano é resultado direto do enquadramento, que é fruto direto do recorte visual que o diretor busca da perspectiva que planejou (ou que foi planejada pelo diretor de arte).

Quando lidamos com enquadramento, estamos lidando com o pivô da linguagem cinematográfica, é a forma direta que o cineasta tem de escolher como quer expor determinado fragmento de seu universo. Ainda que estejamos lidando com um tema grave e/ou real, toda filmagem e documentação fílmica se baseia em uma visão da realidade ou do fato em si, jamais dele em integridade, pois tudo passa pelo crivo da visão e da forma como estabelecemos esse fragmento da realidade no mundo.

As diversas aplicabilidades do enquadramento ainda contam com recortes-guias para o público. Se os planos modulam a visão do diretor e do diretor de arte quanto ao sentimento que o público deve ter em relação às cenas, os ângulos (outra forma de enquadramento) também são escolhas criativas e práticas relacionadas ao recorte da realidade que o diretor quer passar.

A altura e o posicionamento da câmera são definitivos no exercício de propor uma cartela de emoções e aplicá-las diante da audiência.

6.1 Normal

A maioria dos filmes que assistimos conta com a angulação na altura de nossos olhos, ou seja, a angulação normal. Podemos entendê-la como o método mais fidedigno que o diretor pode utilizar diante de sua perspectiva de transposição da ideia para a tela.

Quando o diretor angula a câmera em posicionamento normal, existe uma possibilidade mais rica de aplicações dos planos. Por exemplo, ao fixarmos a angulação de uma forma que o corpo seja contemplado em sua integridade, sem direcionamento visual a partir do método, um "plano sequência" pode ser aplicado ou mesmo um "primeiríssimo plano".

Aqui, a câmera serve como base angular, dando abertura para que a aplicação do plano – da escolha do enquadramento como base para a movimentação em tela – seja a determinação visual do que foi objetivado na concepção visual do filme para determinada cena.

6.2 Plongée

Estudamos nos capítulos anteriores a utilização do *plongée* como método de aplicação de enquadramento para transmissão de emoção ou gravidade de um personagem ou cena.

> *Plongée*, em tradução livre, significa "mergulho". A expressão é utilizada pelo posicionamento da câmera diante do que está sendo filmado, pois equivale a um movimento típico do ato de submergir.

Iniciamos com a ideia de enquadramento submerso como primeiro grande indicativo da linguagem corporal como influenciadora direta na linguagem audiovisual/cinematográfica. Basta um exercício de percepção física para que você entenda a força do posicionamento da câmera. Normalmente, em uma situação hipotética, quando criança, sentimos um recuo direto do personagem quando confronta sua mãe ou seu pai.

Além da figura simbólica, psicológica e afetiva do filho diante de seus pais, há uma comunicação física que se estabelece pelo olhar da criança ou mesmo do adulto. Podemos, ainda, fazer um exercício da transposição dessa cena para um filme ou uma peça audiovisual. Se o diretor intencionar a figura do pai como de autoridade, uma solução visual é, justamente, o *plongée*. O olhar de cima para baixo, em que a câmera enxerga um elemento diminuído diante de outra figura, tem o poder da caracterização visual de um posicionamento psíquico e social.

O *plongée* é aplicado, por fim, em cenas em que o diretor precisa representar, de forma direta e visual, sem didatismo explicativo, a pequenez de um personagem (seja em um escopo mais amplo ou em uma cena específica) ou um momento de vulnerabilidade diante do acontecimento exercido.

6.3 Contra-*plongée*

Como o nome sugere, é o contraponto direto da câmera submersa. Aqui, o posicionamento definido é o de baixo para cima e as determinações que resgatam a linguagem audiovisual como espelho da linguagem corporal humana são as mesmas.

O contra-*plongée* é uma técnica ainda mais usual que o *plongée* ao longo da história do cinema. Orson Welles, revolucionário diretor do clássico *Cidadão Kane*, já o utilizava em seus filmes de forma sutil, para determinar o poder de algum dos personagens.

É importante que o diretor ou mesmo o diretor de arte, que visa nortear o diretor a partir do seu *storyboard*, entenda como o contra-*plongée* pode ser aplicado diante de sua concepção visual para uma história. Não necessariamente toda utilização da técnica precisa ser de um personagem escancaradamente poderoso ou de algum monumento que representa grandiosidade.

No filme indicado ao Oscar de 2019, *Coringa*, de Todd Phillipps, a origem do icônico vilão parte do subjugado Arthur Fleck, vítima social, acometido de doenças psíquicas que acumula frustrações e dores ao longo da vida. Antes mesmo de qualquer reviravolta no escopo macro do personagem, ao entregar-se à figura do palhaço psicótico, a transformação é representada como emancipação do personagem diante de suas perdas mentais, emocionais e sociais.

Na cena em que acontece a transição de Arthur Fleck para o Coringa, a câmera de Todd Phillipps capta o vilão em contra--*plongée*. É seu momento de autorredenção, o poderio é pessoal, provavelmente, ele quer que as pessoas o enxerguem a partir da sua automutilação visual: de baixo para cima.

Tendo esse papel em vista, o contra-*plongée* serve a inúmeras formas de exposição diante do sentimento de autonomia, emancipação, poderio e grandiosidade, cabendo ao *storyboarder* (e ao diretor, quando se aplicar) a escolha de como e por qual razão a técnica será utilizada.

6.4 Enquadramento *versus* plano

As técnicas tão comunicativas entre si podem entrar em um processo de confusão, tendo em vista que suas delimitações, em algum momento, fundem-se diante do processo de escolha e adaptação da visão que será exposta pelo diretor (e escolhida pelo diretor de arte).

No entanto, um bom processo de diferenciação é a ideia de recorte como movimento e método estático. Podemos definir, por vias simples, que o plano é o ato de movimentação quando o diretor enquadra alguma cena.

As angulações podem fazer parte de uma ideia de movimentação; por exemplo, quando o contra-*plongée* é aplicado, pode vir acompanhado da caminhada de um personagem poderoso ou que recém-conquistou o poder. Entretanto, houve essa escolha pela decisão de posicionar a câmera de baixo para cima; de toda forma, houve uma linguagem não verbal que precedeu a intenção do diretor de executar a cena dessa forma.

A relação de enquadramento é ainda mais íntima com o posicionamento do equipamento do que com a visão que o equipamento (que é o instrumento-visão do autor) terá da cena em si.

Ambos são complementares, mas, mesmo diante de suas sutilezas, apresentam diferenciações importantes para a aplicabilidade dos seus exercícios na linguagem audiovisual.

Podemos ainda refletir a ligação direta do enquadramento aplicado à câmera subjetiva no filme. A câmera subjetiva nos norteia diante da visão do personagem, é uma viagem diante dos meandros mentais dele, seja na visão de outro, seja na sua própria visão. Já a câmera objetiva, que dá ao público o poder de sua própria análise, concentra-se na aplicação dos planos (estudados anteriormente), utilizando-se de um método mais passivo.

Por exemplo, a corrida do soldado em *1917*, de Sam Mendes, feita em plano-sequência, nos dá o poder da inserção, da contemplação empática, mas na posição de público, da ação exercida pelo personagem. Aqui, cria-se a cartela de opções do que podemos sentir dentro daquela imersão.

Já a visão da câmera que filma um personagem de baixo para cima, como em *Coringa*, induz a audiência a sentir algo determinado pelo personagem, não há tanto poder de escolha e sua eficácia passa pela compra da ideia de que, sim, estamos subjugados ao poderio (ou à falta de poder) da escolha feita pelo diretor do filme.

Logo, cabe ao *storyboarder* e/ou roteirista, em sua criação, a escolha – na concepção de seu material – relativa à autonomia que quer que o público tenha (por uma visão mais contemplativa) ou não (pela determinação de sentimentos que ele busca inserir de forma mais agressiva ao público).

6.5 Semântica

Costumeiramente associada à linguística, a semântica age diante dos signos utilizados na linguagem e na forma como determinado setor social (ou a sociedade como um todo) faz uso dela. Utilizamos a linguagem como objeto que cristaliza algo. As abstrações que nos movem a buscar palavras, formas expressivas e métodos de comunicação são estudadas na semântica.

Quando tratamos de língua, por exemplo, entramos em um campo em que diversos fatores podem acarretar mudanças significativas diante do símbolo. Como exemplo, temos palavras idênticas que, a depender de um simples cruzamento de fronteira geográfica, pode ter um significado totalmente diferente e carregado de nuances do local que faz uso dela.

No que tange ao audiovisual e seus métodos preparatórios (roteiro e *storyboard*), a concepção de estudo semântico encaixa-se perfeitamente à ideia de que estamos lidando não apenas com uma expressão artística isolada de significantes externos, mas com uma forma de comunicação.

Toda arte é, por definição, expressão. A arte, se guardada, é uma ideia e permanece como significado até que encontre uma voz para que possa ser exposta ao mundo (desde um mundo macro ao mais específico).

> Eu sou onde ajo. O ato é o primeiro motor pelo qual não paro de criar, a cada instante, minha própria realidade. Se me separo de todos os objetos e de todos os estados que me retêm e dispersam para buscar, indefinidamente, minha própria purificação interior, a essência radical do meu ser, tudo o que descubro aí é um ato que, para se exercer, precisa apenas de um consentimento puro. (Lavelle, 2014, p. 66)

A citação de Lavelle (2014) expressa claramente a problemática que a semântica busca estudar. A partir do entendimento de que "eu sou onde ajo", a busca primitiva humana passa pelos modos de expressão em suas mais diversas formas.

A linguagem verbal, a partir da fala, da escrita e dos significantes que caminham em concomitância com a expressão cotidiana, fazem parte, justamente, de uma engrenagem funcional para que a sociedade, como peça de uma grande fábrica, consiga estabelecer vínculos que, antes de tudo, agem pela sobrevivência.

Não somos seres primitivos, a consciência, o senso de individualidade, que abarca toda a figura do ser humano como ser, ultrapassa os limites do apenas funcional para adentrar em características individuais.

Outras espécies, por exemplo, agem conforme seus instintos naturais e primitivos. Um cachorro ou um gato, se sentem alguma necessidade fisiológica, certamente elas não passarão por um crivo sensível que a humanidade tem e modula de acordo com suas condições tanto individuais quanto sociais.

Passamos a utilizar um termo que move a busca do ser humano por outros métodos de linguagem que suprem apenas a funcionalidade utilitarista: *sensibilidade*.

O verbo, a palavra, seu método de escrita e suas diversas variantes de acordo com fixação, dentro do contexto de cada ser, começam a revelar a importância do estudo semântico diante do audiovisual.

Aqui, lembramos de um dos termos estudados em capítulos anteriores que abarca todos os elementos que são distribuídos na elaboração do roteiro e do *storyboard*. Existe uma linguagem cinematográfica porque existe uma linguagem. Ela utiliza de elementos predispostos na comunicação verbal e, até mesmo, na comunicação visual, como aprendemos. Sua definição etimológica, na verdade, passa, inclusive, pela união das duas, e seu resultado cria a origem de toda uma nova forma de comunicação.

Por essa razão, o estudo semântico da linguagem audiovisual nos proporciona o entendimento do significado dos signos dispostos ao longo de uma peça audiovisual (animação, publicidade, cinema em *live-action* etc.).

Cada elemento disposto nos últimos estudos carrega em si uma função dentro do vocabulário audiovisual. O plano, por exemplo, age externamente como signo que representa, em um escopo mais amplo, um sentimento (ou uma gama de sentimentos) a ser expresso pela linguagem escolhida: a cinematográfica.

Se quisermos chamar atenção diante da realidade social para um evento triste de nossa vida, temos recursos físicos (isolamento, choro, retração, por exemplo) e verbais (a fala e a escrita sobre o evento entristecedor) que deixarão claro – ou tentarão deixar – o significado pelo qual todas as supracitadas ações existem.

Na linguagem audiovisual, por exemplo, se pretendemos expressar um evento triste do personagem de que estamos contando a história, teremos uma série de recursos, próprios da linguagem audiovisual, que podem comunicar de forma eficaz o sentimento em questão.

Um plano aberto que concentra a grandiloquência de uma cidade diante de um homem triste que volta do trabalho, um plano detalhe que concentra a tristeza do olhar do mesmo homem em uma entrevista de emprego, por exemplo, são métodos que podem ser empregados como signos externos que existem porque antes existiu um significado.

O estudo semântico da linguagem audiovisual flerta com a análise crítica do filme ou dos elementos que precedem o filme, no entanto, são importantes e se direcionam de forma eficaz para um propósito similar ao *storyboard* e ao roteiro de encontrar percalços e inconsistências na forma escolhida de se comunicar.

A semântica tem um papel no audiovisual de conduzir o filme a um caminho longe da – em uma expressão utilizada no meio da crítica cinematográfica – perfumaria.

Ao tratar de *perfumaria* lidamos com uma expressão que carrega um significado dúbio. Afinal, o ato de perfumar também é um ato de comunicação. É uma impressão (olfativa) que se passa.

No entanto, encaixado no contexto audiovisual e crítico, a perfumaria é o excesso de zelo estético sem que exista um significado ou mesmo uma intenção semântica (não necessariamente teórica ou utilitarista) por trás. Muitas vezes, é utilizado justamente como forma de esconder inconsistências de um roteiro e ou direção.

A perfumaria está para o audiovisual como a verborragia e a prolixidade estão para a fala e para a escrita. Eles podem ser evitados com o estudo correto da escola que agrupa seus signos para que possam ser utilizados de forma eficaz.

Quanto mais lemos, por exemplo, mais léxico teremos para expor, de forma verbal, os sentimentos que habitam nosso consciente e inconsciente. Da mesma forma, um bom diretor de arte, *storyboarder* e/ou animador precisa fazer um estudo semântico de sua área para o domínio da atividade que vai exercer.

A responsabilidade aumenta quando, ao desenvolver o roteiro ou *storyboard*, existe, como citado anteriormente, um trabalho de condução do autor para a equipe ou o diretor que transpassará a obra para a tela. Logo, é fundamental que você tenha conhecimento técnico em relação à linguagem que escolheu como método de expressão sensível diante do mundo.

A linguagem corporal, por exemplo, trabalha de forma inconsciente e, muitas vezes, involuntária: suas pulsões são naturais e estão subjugadas a um poder biológico que é conhecido e estudado. Diante de tal sentido, quando fazemos um recorte da realidade ou quando criamos uma realidade, estamos diante de uma plataforma que canonizou signos e fórmulas que são universalmente compreendidas pela sua relação diante da natureza humana e social.

Uma pessoa pode argumentar que um grito agressivo pode ser uma demonstração de afeto, por exemplo, mas, diante dos significantes sociais, das pulsões biológicas e dos signos estabelecidos, pelo que foi convencionado ao que é afeto, por exemplo, certamente não será encarado por nenhuma pessoa da forma que a pessoa objetivou que fosse.

Da mesma forma, um diretor de arte não pode sugerir um contra-*plongée* embalado por um fundo musical imponente e querer que a audiência associe tal recorte como uma expressão de humildade ou carinho.

Aqui estamos diante de uma padronização universal que, inclusive, conversa com convenções sociais preestabelecidas e que dificilmente sofrerão algum tipo de alteração por estarem de acordo com a natureza que nos conduz por décadas a fio.

Traçando este paralelo com um catálogo de linguagens universais, o autor do *storyboard* ou do roteiro deve se ater ao domínio natural de sua linguagem. Ele pode, por exemplo, a partir do entendimento e do controle da linguagem, fazer um jogo de subversão, mas, de toda forma, alguns elementos são preestabelecidos e necessários – para a comunicação eficaz – como a habilidade quanto ao manejo deles. "Uma teoria semântica deve, em relação a qualquer língua, ser capaz de atribuir a cada palavra e a cada sentença o significado (ou significados) que lhe(s) é(são) associado(s) nessa língua" (Cançado, 2008, p. 39).

O *storyboarder*, antes de estar interessado em como criar uma cor nova, precisa se perguntar: Diante da cartela de cores que tenho, o que eu posso criar? Com o entendimento de cada universo, de como eles se relacionam, de como o mundo se relaciona com eles, novas possibilidades serão naturalmente criadas.

O estudo dos planos, ângulos, enquadramentos, edição sonora, mixagem sonora, técnicas de animação, cores, traços, diferentes tipos de *storyboard*, padronização de roteiro é o aprendizado direto de quais ferramentas estão à disposição para o diretor de arte e de como podemos utilizá-las de uma maneira que sirvam para contemplação do autor e não como demarcações que buscam impedir a expressão do artista.

6.6 Aplicação em filmes animados

As animações guardam, em si, uma definição complexa entre suas possibilidades de expressão e a forma como sua popularização foi consolidada. Geralmente associados a um público estritamente infantil, os filmes animados ganharam novos contornos ao longo dos anos por conta de sua plataforma própria, que possibilitava novas formas de abordagem.

Apesar de fazer parte do escopo de gênero, ou seja, a animação pode ser considerada um gênero cinematográfico, publicitário, televisivo, em suma, audiovisual, sua linguagem é tão ampla que faz parte de um cenário que resguarda em si signos próprios e subseções que fazem com que exista a necessidade de um estudo direcionado para ela.

Norman McLaren determina uma visão expansiva e mais próxima da animação como método de expressão ao longo dos tempos. "A animação não é arte do desenho que se move; ao invés disso, é a arte do movimento que é desenhado". Antes do aprofundamento teórico sobre a animação como significado (semântica), é importante que exista um entendimento de sua semiótica, maior motivo para que exista ainda uma ideia limitante em relação à sua forma de expressão (a ilustração).

Podemos entender a animação como uma plataforma que lida com características primárias de comunicação. Formas, cores, tracejados ou mesmo os estímulos criados por animações são conversações utilizadas de forma muito natural ao infante. A educação da primeira infância utiliza-se de métodos animados desde sua prática psicomotora até às categorias de memorização. Portanto, é natural que, além da associação do público massivo com estúdios populares como Walt Disney, exista uma ligação quase inconsciente da animação como uma linguagem voltada ao infantil.

Resgatamos, então, o que afirmou McLaren (1948), que visa a semântica como uma aplicabilidade na produção animada. É o movimento desenhado. A escolha por uma visão infantil passa pelo signo (a forma como está no âmbito do infantil), mas não pelo seu significado (a escolha do que vai se expressado).

Como visto em capítulos anteriores, o *storyboard* tornou-se um dos precedentes para a organização de toda a estrutura não apenas dos filmes (e peças publicitárias) animados(as), mas de toda a linguagem audiovisual. As semelhanças semânticas entre o *storyboard* e a animação são claras. Podemos catalogar as diferenças da animação para o *storyboard* entre a ação animada ainda sem um propósito definido e a finalização da obra (*storyboard*) como uma história contada.

Enquanto o *storyboard* funciona como um planejamento do que posteriormente será posto na tela, indicando movimentos possíveis, a animação já é a decisão tomada e a forma como ela foi mais bem adaptada diante dos direcionamentos fornecidos pelo diretor de arte.

A formatação de *stop-motion* faz com que exista uma máxima definitiva em relação à linguagem animada, como exposto por McLaren: "O que acontece entre cada *frame* é mais importante do que o que acontece em cada *frame*". Ou seja, a transição de um *frame* a o outro, ao fim do trabalho, torna-se mais importante do que necessariamente o que está exposto individualmente em um quadro isolado.

> *Stop-motion*: a técnica caracteriza-se pelo quadro a quadro continuado em que se forma um movimento. Em tradução livre, significa "movimento parado".

A totalidade da linguagem do filme animado perpassa por uma série de elementos que conversam diretamente com a ilustração, no entanto, para que exista, ela precisa ser o entre, ou seja, a transição de um frame para o outro.

A definição estudada por McLaren evidencia a natureza do que, de fato, compõe a gênese e o desenvolvimento do embrião animado. O *frame* por *frame* baseia-se em uma visão que não extrai a totalidade da potência de uma linguagem feita pelos meandros do que pode acontecer entre uma célula (quadro) e outra.

Aqui, como em toda linguagem, os signos ditam os caminhos a serem utilizados e a compreensão, ainda que de forma mais abrangente. A Disney criou, em 1930, uma espécie de manual que direcionava os animadores para os passos básicos diante das suas demandas.

- **Esticar e comprimir** (*squash and stretch*): conceito abrangente por denotar uma característica básica inerente a qualquer ser vivo: a movimentação. O rosto de um personagem vivifica-se a partir da movimentação de três elementos do seu rosto: olhos, bochechas e lábios. É importante que, ao aplicá-las, mantenham-se características de volume e da forma escolhida.
- **Antecipação** (*anticipation*): trabalhamos diretamente com a linguagem visual. Ao assistirmos a um desenho, precisamos alertar o público sobre o movimento de nossos personagens,

tal qual uma movimentação corporal. É inerente à linguagem animada que exista uma sequência de ações que antecipem a ação consecutiva.

- **Encenação:** a ação precisa ficar bem clara para o espectador. A expressão precisa ser clarividente tal qual os movimentos dos personagens. Uma técnica importante para o desenhista é a utilização da silhueta para marcar o desenho.
- **Animação direta e pose a pose:** as formas de animar são postas em paridade. No método direto, o animador desenha um movimento contínuo até o fim. Existe a valorização, a partir dessa implicação, da espontaneidade, sem movimentos mecânicos. A utilização da animação direta é direcionada para cenas de ação em que normalmente o frenesi pode ser instalado de forma livre. O pose a pose resguarda um zelo em todo seu processo. A clareza e o domínio dos movimentos pelo desenho são mais importantes.
- **Continuidade e sobreposição da ação:** é um método que transmite a apreensão para a audiência. Ainda que o personagem se encontre parado em cena, jamais ele estará estático. Se tratarmos de um coelho, sua cauda deve continuar se movendo, ainda que a cena seja relacionada a um diálogo em que o emissor e o receptor se encontram, não existe uma troca estática. Os movimentos, no entanto, não podem se desenvolver sem total razão. É preciso seguir uma lógica diante da característica dos personagens, seja pela sua espécie, por exemplo, seja por peso e tamanho.

- **Aceleração e desaceleração:** nesse processo, indicamos ao realizador em que parte do processo de extremo que os movimentos dos personagens são acelerados ou desacelerados. Usualmente relacionados a desenhos consagrados, como *Looney Tunes*, temos um signo externo que denota, de forma sutil, dentro dos seus métodos, intenções de humor e dinamismo.
- **Movimento em arco:** o movimento circular formula a maioria dos movimentos humanos. Essa noção circular (ou em arco) dimensiona o animador em relação à ocupação do espaço que o personagem pode (ou não) fazer. O arco, como norteador dos movimentos, criou uma nova fase na movimentação dos personagens animados, acabando com formas enrijecidas de empregarem suas ações.
- **Ação secundária:** é uma ação que serve à ação principal. Podemos entendê-la como o *background* da ação protagonista. Ela pode criar um cenário suficientemente relevante e que chame atenção da audiência, mas deve ter a função de exaltar a ação principal, sem que tome seu lugar.
- **Temporização:** o desempenho esperado das ações depende, especialmente, do *timing*. Ainda que exista uma liberdade maior pela conquista de novas tecnologias, que fornecem mais autonomia, os 24 fotogramas por segundo ainda ditam o tempo das ações dos personagens. Caso o *timing* seja perdido, ainda que de forma inconsciente, provavelmente perderemos, em conjunto, a atenção da audiência.
- **Exagero:** a formulação caricatural dos personagens é quase uma premissa indispensável para as animações. Ainda que exista uma animação de tom mais sóbrio, o exagero que contempla

as movimentações da face ou mesmo das ações secundária são fundamentais para que exista uma boa comunicação dos elementos.
- **Desenho volumétrico:** peso, profundidade e equilíbrio também devem ser elementos indispensáveis no desenho que propomos lançar, principalmente quando lidamos com desenhos em três dimensões. Em termos populares, o diretor de arte deve sempre estar atento aos detalhes. Digamos que o personagem sempre apareça em primeiro plano; para sua solidificação, é preciso que seja pensada, por exemplo, qual será a resolução caso exista um plano em que as costas do personagem apareçam.
- *Design* atraente – apelo (*appeal*): principalmente em animações, um *design* atraente é necessário para a fixação do público com a história. Não nos dirigimos necessariamente a um *design* atraente pelas convenções sociais, mas que seja carismático e, consequentemente, desenvolva conexão com público e trabalhe nele as sensações primordiais para empatia humana.

6.7 Aplicação em jogos

Durante os estudos que realizamos ao longo deste livro, foi crível a ideia da diversidade de linguagem apresentada e reproduzida ao longo dos anos. Desde o estudo mais primitivo, relacionado ao roteiro, com todos os seus significantes dispostos em suas folhas em branco, até ao mais avançado método de confecção de *storyboard* apresentado, somos conduzidos por uma mesma premissa: contar uma história.

Ao desenrolar dos estudos que realizamos pelos cinco capítulos, o entendimento de que o controle da história passa por um recorte da realidade e suas intenções passam por uma habilidade específica do diretor de arte e/ou roteirista são notáveis. Adentramos, então, em um nicho específico e com nuances ainda mais localizadas diante de uma nova forma de linguagem: os jogos.

Videogames, como todo tipo de arte moderna, sofreram por concepções não usuais em razão de seu apelo comercial. Nos deparamos, então, com uma linguagem que une alguns tipos específicos de signos que podem (ou não) ser concomitantes com as simbologias utilizadas para a expressão de, por exemplo, filmes animados.

A concomitância central do *storyboard* e do roteiro para peças audiovisuais e para filmes animados segue um padrão de controle diante dos elementos que serão dispostos em tela. Na medida em que a audiência, individual ou não, se propõe a assistir a um filme, ela está sujeita a uma experiência de condução. A partir dos elementos que vimos e estudamos à exaustão ao longo dos capítulos, vimos fórmulas práticas e dialéticas que movem o roteirista a expor suas intenções na condição de contador de histórias.

Filmes e animações (considerando que são desenhos infantis ou não) são peças (ainda que não signifiquem diversão em sua pureza de ideia) de entretenimento. Claro que o entretenimento, em prática, não significa sua versão mais simplificada, como a diversão mera e pura, salpicada em doses certeiras para um público desacostumado com grandes reflexões.

O entretenimento, em suas formas mais diversas, pode indicar caminhos que passam pelo ato de vivenciar diversas emoções. Uma pessoa, por exemplo, pode buscar se entreter pelas vias do horror, imersa em uma atmosfera de amedrontamento diante de um universo novo e fantástico.

A forma de entretenimento de uma audiência individual pode estabelecer-se pelos métodos da emoção. Uma pessoa com sentimentos resguardados e profunda dificuldade de expressão pode buscar em um filme dramático a válvula de escape ideal para sua ação emotiva.

Entretenimento, não necessariamente, está associado à subserviência cega à diversão hedonista. O prazer pelo prazer. O entretenimento pode ser a simulação de uma experiência a ser vivida e, nesse caso, quando lidamos com o universo do *videogame*, lidamos com o objeto que direciona de forma mais intencionada a interação humana diante de uma experiência simulada.

> Com o aprimoramento das tecnologias disponíveis os jogos passaram a se valer de recursos visuais mais ricos e impressionantes, apresentando ao seu jogador possibilidades cada vez mais cativantes. Esse avanço demandou um esforço crescente no âmbito da criação de conceitos e histórias mais elaboradas para conduzir a aventura. [...]
>
> A indústria de games passou a aumentar progressivamente seu investimento na criação de produtos mais sofisticados e providos de maior preocupação de conceito e imagem, dado o retorno positivo dos esforços nessa direção. (Rocha et al., 2020, p. 3)

O conceito exposto por Rocha et al. (2020) revela um encaminhamento dos signos que expõe a linguagem digital dos *videogames* para que atinjam em sua totalidade a potência comunicacional dos jogos eletrônicos como forma de expressão. Considerando esse valor inerente e irrefutável dos jogos como arte e entretenimento, é fundamental que exista a aplicabilidade dos métodos comunicacionais como direcionamento para sua criação.

O *storyboard* e o roteiro podem servir como guias para a direção de arte de *games* desenvolverem seu trabalho, por exemplo. Usualmente, o *storyboard* é utilizado como método para a fase final do projeto, tal qual nos filmes animados e demais projetos audiovisuais, crivo de análise dos pontos que funcionam ou não com relação à aplicabilidade.

> O roteiro descreve, através de storyboard, o fluxo do jogo, ou seja, como o jogador irá alcançar o objetivo. Já a definição do estilo de arte especifica como este será exibido na interface ao longo dos estágios, além de definir os estilos que serão usados, a forma como serão exibidas todas as informações na interface: desde itens de jogabilidade, como vidas e armas disponíveis, até mesmo o roteiro, procurando investigar como tornar a estória clara ao usuário ao longo do jogo. (Flood, citado por Morais et al., 2015, p. 531)

Lidamos com dois tipos de linguagem direta, a partir das análises de Flood (citado por Morais et al., 2015). Temos a criação tecnológica dos personagens e de sua linguagem em sentidos de programação, mais voltada para o universo da tecnologia da informação (TI). Ao mesmo tempo em que tal linguagem serve a outro propósito final, que se assemelha à objetivação de quando escolhemos uma peça audiovisual para contar uma história: é um método de expressão.

No entanto, o *storyboard* pode ser utilizado por vias do – e aqui tomamos a liberdade para adentrar uma linguagem em outra – aprofundamento da diegese do jogo e da história que ele pretende contar.

Muitos jogos eletrônicos utilizam o recurso do *storyboard* dentro da própria experiência de jogabilidade. Dentro do universo dos jogos eletrônicos, é natural que exista o controle diante das experiências que promovem ações mais específicas.

Normalmente o método *storyboard* é utilizado para contextualizar uma ação em que o *gamer* terá controle diante de um contexto bem fundamentado. A própria ideia de *videogame* como material mais bem fundamentado para um nicho especializado promove a ideia de que as ações que são desenvolvidas por jogos, ainda que sejam – meramente – de ação, precisam ser contextualizadas diante de uma história bem posta para a audiência.

> Como documento de requisitos do processo de desenvolvimento de jogos o Game Design Document (GDD) é o mais conhecido, isto porque é amplamente discutido em livros e na academia, no entanto a sua utilização até mesmo em empresas de desenvolvimento de jogos vem se reduzindo devido a alguns fatores, como dificuldade de serem lidos, erros de interpretação decorrentes, e dificuldade de atualização, fazendo em muitos casos com que a tarefa de extrair informações do mesmo para transformá-las em software seja, por si só, um grande desafio [...]. (Morais et al., 2015, p. 531.)

As formas como os *softwares* desenvolvem as histórias são cada vez mais avançadas pelas vias da experiência e pela ideia da linguagem da programação tecnológica não necessariamente servirem a caminhos narrativos diante da arte em si.

O *storyboard* pode ter aplicabilidade na história a ser contada no jogo, por exemplo. Entretanto, suas escolhas relativas ao que vai fazer parte de prólogo e epílogo e do que pode ou não ser ação participante do jogo em si passa por um crivo de escolhas muito mais complexo do que a produção de um filme ou um comercial, por exemplo. Considerando que são encaminhamentos fundamentais para a existência do próprio jogo em si.

Ainda que essas escolhas estejam diante de escolhas de toda uma equipe que denota e discorre diante de complexidades, por questões logísticas e operacionais, as questões burocráticas da linguagem dos jogos eletrônicos são mais complexas por conta de seu método de interação com o púbico e pela intencionalidade que o *storyboard* e o roteiro ganham diante da determinada realidade. Ou seja, o processo de interface dos jogos, no que tange aos gráficos e à jogabilidade, ou mesmo à narrativa que será exposta dentro daquele contexto, será discorrido a partir do método de *storyboard* de uma maneira direta e eficaz que não pode ser atingida, por exemplo, em uma linguagem muito específica do universo da tecnologia da informação.

No entanto, o desenvolvimento de jogos, a partir da plataforma tecnológica criada e bem cimentada para que uma história se desenvolva, pode utilizar-se do roteiro e do *storyboard* para indicação de rumos que a história pode tomar diante daquele universo em específico.

Outro método em que existe a aplicação em jogos do *storyboard* (ou mesmo do seu estudo semântico) são, da forma supracitada, os indicativos da jogabilidade de como os jogadores (*gamers*) vão agir diante do cenário proposto pelo diretor de arte e pelo desenvolvedor do *game* (jogo).

Considerando que o *storyboard* serve como guia direto do diretor de arte com o diretor que terá a palavra final diante de seu método de expressão, a sua aplicação dentro do próprio jogo serve como jogabilidade prática para que o jogador tenha suas vias de recorte da realidade.

Ainda que suas opções de movimentos estejam determinadas por um elo maior (o criador do jogo e quem o operacionou), partes da experiência de entretenimento do *videogame* e dos jogos eletrônicos se emancipam diante da experiência de um ser individual conduzir a história de um universo inteiro. Mesmo que estejamos diante de um jogo que adapta uma história consagrada ou mesmo uma história bem fundamentada, parte do jogador, de suas ações (ao clicar nos botões do controle) e de sua habilidade diante daquele universo a concretização de sua realidade fundamental.

Os jogos, ainda que participem por um processo mais complexo de desenvolvimento e concepção criativa, fazem parte, no fim das contas, de um universo denso diante das possibilidades que uma história pode oferecer.

Nele, vemos as possibilidades não como recortes contemplativos que seremos convidados para embarcar em uma interação passiva, aqui serão os reais protagonistas da história, com fonte e poder para seguir em frente ou meramente desligar sua continuidade criativa.

6.8 Aplicação comercial

Como estudado nos capítulos anteriores, toda forma artística, ainda que resguarde um entendimento romântico de passar incólume diante da iminência do capital, precisa ser entendida, em algum momento, como produto. Tal visão, não necessariamente, indica que a obra do autor participará de um retalho que o desconfigurará diante da sua identidade como obra artística autoral, mas, mesmo em relação às mais fidedignas obras, se elas resguardam uma pretensão de lançamento, precisam, em uníssono, configurar uma intenção de divulgação.

A semântica do material a ser lançada pode utilizar-se de sua linguagem para adentrar ainda mais profundo na relação da venda para com o público intencionado em relação à sua conquista. Digamos que estamos lidando com um material de comédia ácida; é interessante que seu material de divulgação lide com um método parecido com a forma de exposição da comédia, como a quebra da quarta parede ou mesmo uma antipropaganda, como se o protagonista do material em si incentivasse a não compra do material específico.

Subversões de métodos tradicionais estão em voga e participam de uma crescente, considerando a mudança de público que estudamos no terceiro capítulo, por exemplo. Ainda que exista um público consciente diante das demandas de mercado, ainda mais espertas em relação ao público, suas intenções tradicionais quebradas, considerando métodos não tão longinquamente utilizados, têm utilidade comprovada em relação a um público que se atualiza de forma precisa às demandas tanto do mercado quanto artísticas.

Entretanto, como estudamos nos capítulos anteriores, o *storyboard* pode ser utilizado não apenas para peças com determinações artísticas bem específicas, como animações, desenhos animados ou filmes *live-action*. Peças publicitárias podem fazer uso da contação de histórias, por exemplo, para uma venda de produto mais qualificada, que não se utilize de um apelo tão gritante, ainda mais considerando suas implicações, que foram modernizadas na velocidade do avanço das novas tecnologias.

Para vias comerciais, é importante que exista um *storyboard* para que os riscos sejam reduzidos diante das necessidades de intenção comercial. Para isso, tempo é dinheiro e, nesse sentido, estamos lidando com uma linguagem que precisa ser criativa na mesma medida em que precisa ser inteiramente funcional.

Com a apresentação de uma ideia no formato *storyboard*, estamos trabalhando com a possibilidade de discernimento da mão final sem que exista um investimento de alto custo em suas vias iniciais. Mesmo lidando com um *storyboard* com investimento alto, com recursos modernos de *animatics* ou qualquer ideário de desenvolvimento parecido, sua própria existência implica um investimento na redução de tempo e de recursos financeiros que poderiam ficar retidos em decisões precipitadas.

O *storyboard* aplicado para fins comerciais pode utilizar detalhes que não exerceriam tanta eficácia, por exemplo, no roteiro. Com o acréscimo massivo de detalhes no *storyboard*, vemos a possibilidade de uma criação que prima pelo entendimento detalhado diante de suas necessidades. Quando aplicado pelas necessidades comerciais, teremos algumas demandas que, normalmente, não se encaixariam em uma via artística. Podemos entender pelos exemplos a seguir.

Se os métodos de *storytelling* (contação de histórias) infantis são utilizados para que, hipoteticamente, uma marca de sapatos infantis seja vendida, é natural que no *storyboard* existam observações para que o nome da marca seja confundido com o objeto em questão. Por exemplo, a partir da história criada de forma verossímil, não estamos mais vendendo um sapato infantil; este, diante da marca em si, não representa uma necessidade, mas a marca, por todo seu conceito, associação com sentimentos naturais e puros de uma criação, serão utilizados e exaltados no *storyboard* comercial para que o diretor se atente às demandas comerciais do seu cliente.

O diretor de arte e/ou roteirista pode ter uma gama de intenções quando busca contar uma história a partir de um filme ou mesmo de uma animação (em curta-metragem, por exemplo), mas, quando passamos para as vias comerciais, independentemente da qualidade da produção (e ela cresce exponencialmente a cada dia), estamos buscando vender um produto, logo, o entrelace entre a linguagem do *marketing* comercial e a linguagem cinematográfica – imersa em sua diegese e em todos os pontos importantes para sua eficácia – existe de maneira que pode ser, inclusive, confundida na visão de um público mais leigo.

A habituação de grandes marcas a vender produtos diante de valores, muitas vezes, impopulares, tornou-se uma máxima a ser aproveitada pelos guias publicitários da atualidade. Repassando todos os métodos estudados ao longo do livro, *softwares* na internet dispõem de plataformas pagas e gratuitas que o diretor de arte ou uma agência de publicidade pode usufruir para expor sua ideia comercial para seus clientes nas produções audiovisuais.

É importante, a partir de todas as informações dispostas no livro, que entendamos a real matriz da sua utilização. A linha divisória – que pode soar agressiva aos puristas em relação à arte como um todo –, quando lidamos com o *storyboard* e o roteiro, é reduzida.

Entendemos sua necessidade como matéria de plataforma, seus quadros e espaços precisam ser preenchidos de forma a contemplar a necessidade que deve ser utilizada pelo diretor ou pela equipe que vai tirar a ideia do papel ou mesmo transformá-la em realidade.

Os ideais do *storyboard* não podem se perder diante da pretensão do roteirista ou do diretor de arte que visa sua produção acima da projeção final. É necessário entender que o roteiro é um servo, tal qual o *storyboard*. Ainda que ele usufrua de métodos artísticos das histórias em quadrinhos, das ilustrações e das movimentações dignas das animações completas em seu vigor, aqui, a ideia é de guiar – residindo uma matéria especial em tal tarefa – uma mente a uma finalidade.

Suas aplicações são comerciais por natureza fundamental de vender um produto a uma finalidade, reduzindo as barreiras do comercial com o artístico e entendendo suas finalidades, afinal, em concomitância com suas ideias iniciais. Em resumo, e por fim, a aplicação comercial do *storyboard* parte da aceitação e da ideia bem formatada de que existe a necessidade de mapear bem uma história e uma necessidade a fim de atender uma demanda.

Não deve ser feito um juízo de valor quanto à finalidade que devemos atingir quando buscamos recriar uma história ou mesmo aplicar uma para esse mesmo fim. Na condição de atividade de método a ser atingido, o bom roteiro passa pela boa catalogação das atividades a serem cumpridas e por fim exercidas por quem efetivar a direção posteriormente.

Da mesma forma, o bom *storyboard* passa pela missão de identificar todos os pontos denotados ao longo do livro, dispô-los da forma mais inteligente e acessível possível e atingir a função de caminho fundamental para a equipe de direção ou o diretor (ainda que ele seja a mesma pessoa).

Em um trabalho tido como um exercício de desapego, roteirizar e criar um *storyboard* navega pelas ideias de uma criação livre de ego possessivo que visa uma intenção maior, independentemente da sua benesse posterior. Aqui, intencionamos o contar de uma história, seus encaminhamentos bem definidos e suas trajetórias bem traçadas, seguindo seu fim na perspectiva de um desenvolvimento real e fluido.

CONSIDERAÇÕES FINAIS

O caráter indispensável do roteiro no cinema e nas peças publicitárias é um entendimento comum que se propõe a estudar o tema; tal qual o *storyboard* se caracteriza por sua adaptação às animações, sejam elas pertencentes ao universo ficcional, sejam dispostas no séquito publicitário. Entretanto, além do aprofundamento nessas questões, novas possibilidades foram dispostas ao longo do livro para conhecimento do leitor.

Os capítulos foram subdivididos em quatro temas-chave para teorização, exemplificação e análise de todos os seus pontos.

Nos Capítulos 1, 2 e 3, conceituamos o roteiro na qualidade de objeto cinematográfico, criado para servir como referência ao diretor e ao diretor de arte, se for preparado para uma campanha publicitária. Discorremos sobre as formas básicas de fundamentar um bom trabalho de escrita, tendo como pano de fundo construções utilizadas ao longo dos anos.

Nos Capítulos 4, 5 e 6, o protagonista torna-se o *storyboard*, elemento estudado por sua funcionalidade como ramificação do roteiro, mas, principalmente, por sua adaptação ao novo mercado, caracterizado por métodos tecnológicos recentes e sua autonomia na projeção de novos trabalhos.

Percebemos o roteiro e o *storyboard* como ferramentas indispensáveis à execução artística de projetos voltados para o audiovisual, mas, em concomitância, a geração de um valor voltado para as questões mercadológicas e associadas a uma vertente artística.

REFERÊNCIAS

ARISTÓTELES. **Da arte poética.** Tradução de Maria Aparecida de Oliveira Silva. Rio de Janeiro: Martin Claret, 2016.

AROZTEGUI, C. Histórias de vida, storyboard e animatics no ensino da arquitetura. **Arquitetura Revista**, v. 9, n. 2, p. 135-142, jul./dez. 2013. Disponível em: <http://revistas.unisinos.br/index.php/arquitetura/article/view/arq.2013.92.06>. Acesso em: 2 dez. 2020.

BAITH, B. (Org.). **Bakhtin:** conceitos-chave. 5. ed. São Paulo: Contexto, 2005.

BAKHTIN, M. **Estética da criação verbal.** Tradução de Maria Ermantina Galvão G. Pereira. 2. ed. São Paulo: Martins Fontes, 1997. p. 277-326.

CANÇADO, M. **Manual de semântica:** noções básicas e exercícios. 2. ed. rev. Belo Horizonte: Editora da UFMG, 2008.

COMPARATO, D. **Da criação ao roteiro:** teoria e prática. 5. ed. rev. atual. e ampl. São Paulo: Summus, 2018.

DEVIDES, D. C. Adaptação e roteiro. **Letras Escreve**, v. 8, n. 1, p. 437-464, jan./jun. 2018. Disponível em: <https://periodicos.unifap.br/index.php/letras/article/view/4013>. Acesso em: 30 nov. 2020.

HART, J. **The Art of the Storyboard:** a Filmmaker's Introduction. New York: Focal Press, 2008.

HOUAISS, A.; VILLAR, M. de S. **Dicionário eletrônico Houaiss da língua portuguesa.** versão 3.0. Rio de Janeiro: Instituto Antônio Houaiss; Objetiva, 2009. 1 CD-ROM.

HUDNALL, J. **The Secrets of Writing:** How to Write Great Fiction. [s. l.]: Fortan Media, 2015.

GOMES, V. H. V. N. **O filme animado**: trajetória histórica, storyboard e design de personagens. 68 f. Trabalho de Conclusão de Curso (Bacharelado em Artes Visuais) – Universidade Estadual Paulista Julio de Mesquita Filho, Instituto de Artes, 2016. Disponível em: <http://hdl.handle.net/11449/155412>. Acesso em: 2 dez. 2020.

JORDAN, M. B. Michael B. Jordan Responds to "Superman" Rumors. Entrevista concedida a Opra Winfrey no SuperSoul Conversations do OWN. In: RODRIGUES, H. Michael B. Jordan TOPA viver o Superman e comenta sobre a possibilidade; Confira!. **Estação Nerd**, 24 dez. 2019. Disponível em: <https://estacaonerd.com/michael-b-jordan-topa-viver-o-superman-e-comenta-sobre-a-possibilidade-confira/>. Acesso em: 30 nov. 2020.

LAVELLE, L. **A consciência de si**. Tradução de Lara Christina de Malimpensa. São Paulo: É Realizações, 2014. (Coleção Filosofia Atual).

LIMA, A.; CATELLI JR., R. (Coord.). **Inaf Brasil 2018**: resultados preliminares. São Paulo: Instituto Paulo Montenegro; Ação Educativa, 2018. Disponível em: <https://drive.google.com/file/d/1ez-6jrlrRRUm9JJ3MkwxEUffltjCTEI6/view>. Acesso em: 2 dez. 2020.

MASSARANI, S. A estrutura de uma história. **Além do Cotidiano**: tópicos sobre a narrativa, roteiros e mundos virtuais. Disponível em: <http://www.massarani.com.br/rot-estrutura-roteiro-historia.html>. Acesso em: 30 nov. 2020.

MOLETTA, A. **Criação de curta-metragem em vídeo digital**: uma proposta para produções de baixo custo. São Paulo: Summus, 2009.

MORAIS, D. C. S. de et al. Storyboards no desenvolvimento de jogos digitais educacionais por usuários finais: um relato de experiência. In: SIMPÓSIO BRASILEIRO DE INFORMÁTICA NA EDUCAÇÃO, 26., 2015, Maceió. **Anais...** Maceió: Universidade Federal de Alagoas, 2015. p. 529-538. Disponível em: <https://br-ie.org/pub/index.php/sbie/article/viewFile/5307/3675 >. Acesso em: 2 dez. 2020.

NOGUEIRA, L. **Manuais de cinema II:** géneros cinematográficos. Covilhã: LabCom Books, 2010. (Série Estudos em Comunicação). Disponível em: <http://labcom.ubi.pt/livro/14>. Acesso em: 2 dez. 2020.

PAQUETTE, G.; ROSCA, I. Organic Aggregation of Knowledge Objects in Educational Systems. **Canadian Journal of Learning and Technology,** v. 28, n. 3, 2002. Disponível em: <https://www.cjlt.ca/index.php/cjlt/article/view/26570>. Acesso em: 2 dez. 2020.

RÉGIO, J. Cântico negro. In: **Poemas de Deus e do Diabo.** 4. ed. Lisboa: Potugalia, 1955. p. 108-110.

ROCHA, D. et al. **Avaliação estética de games.** Disponível em: <https://www.cin.ufpe.br/~sbgames/proceedings/aprovados/23648.pdf>. Acesso em: 2 dez. 2020.

LEFREUVE, M. O storyboard: uma ferramenta a serviço da criação cinematográfica. O exemplo de Ministry of fear, de Fritz Lang. In: PASSOS, M.-H. P. et al (Org.). **Processo de criação interartes: cinema, teatro e edições eletrônicas.** Vinhedo: Horizonte, 2014. p. 89-116.

SANTIRSO, J. O lado obscuro do TikTok, a rede social chinesa dos vídeos curtos. **El País**, 19 jan. 2020. Disponível em: <https://brasil.elpais.com/tecnologia/2020-01-19/o-lado-escuro-do-tiktok-a-rede-social-chinesa-dos-videos-curtos.html>. Acesso em: 30 nov. 2020.

SILVA, W. N.; VIEIRA, R. E. **Semiótica e metalinguagem:** uma análise da construção de sentidos metalinguísticos na apresentação da obra "Eu me chamo Antônio", de Pedro Gabriel. In: FESTIVAL LITERÁRIO DE PAULO AFONSO, 10., 2018, Paulo Afonso. **Anais...** Paulo Afonso: Faculdade Sete de Setembro, 2018. p. 99-117. Disponível em: <https://www.unirios.edu.br/eventos/flipa/anais/arquivos/2018/semiotica_e_metalinguagem.pdf>. Acesso em: 2 dez. 2020.

SOUTO, R. Confira 6 tipos de conteúdo fáceis de serem transformados em vídeo. **HubSpot,** 23 maio 2019. Disponível em: <https://br.hubspot.com/blog/marketing/transformando-conteudo-em-video>. Acesso em: 2 dez. 2020.

STORYBOARDTHAT. Disponível em: <https://www.storyboardthat.com/pt>. Acesso em: 2 dez. 2020.

WILEY, D. A. Connecting Learning Objects to Instructional Design Theory: A Definition, a Metaphor and a Taxonomy. In: WILEY, D. A. (Ed.). **The Instructional Use of Learning Objects**. Online Version, 2000. Disponível em: <http://www.reusability.org/read/#1>. Acesso em: 2 dez. 2020.

SOBRE OS AUTORES

Kalyenne de Lima Antero é mestre pelo Programa de Pós-Graduação em Ciências Sociais (PPGCS) da Universidade Federal de Campina Grande (UFCG) na linha de Cultura e Identidadese bacharel em Comunicação Social, com habilitação em Jornalismo, pela Universidade Estadual da Paraíba (UEPB). É integrante do Grupo de Pesquisa Sociatos (Sociabilidades e Conflitos Contemporâneos – CNPq/UFCG).

Matheus Rodrigues de Melo é natural de Eunápolis, Bahia, e atualmente mora em Campina Grande, na Paraíba. Jornalista formado em Comunicação Social – Habilitação em Jornalismo pela Universidade Estadual da Paraíba (UEPB) e pós-graduando em Cinema e Produção Audiovisual pela Unicorp.

Trabalhou como jurado de quatro edições do Festival de Cinema Comunicurtas (uma em Remígio e três em Campina Grande) e como produtor de debates em uma edição. Ainda trabalhou como professor substituto da escola Cassiano Pascoal, em Campina Grande, lecionando a disciplina de Artes e foi produtor da peça *A chegada de Lampião no Inferno*, em 2018, no Festival Taquary, em Taquaritinga do Norte, em Pernambuco.

Tem experiência em redação, tendo trabalhado como redator com jornalismo político no portal de notícias de Campina Grande (Paraíba Online), redação publicitária, *social media* (ainda em vigor, pela Agência SecreTI) e como professor conteudista, fazendo produção de conteúdo e correção de material didático para pós-graduações.

Os livros da dedicados à área de DESIGN são diagramados com famílias tipográficas históricas. Neste livro, foram utilizadas a **Sabon** – criada em 1967 pelo alemão Jan Tschichold sob encomenda de um grupo de impressores que queriam uma fonte padronizada para composição manual, linotipia e fotocomposição – e a **Myriad** – desenhada pelos americanos Robert Slimbach e Carol Twombly como uma fonte neutra e de uso geral para a Adobe.

Impressão: Reproset
Julho/2023